Kohlhammer

Sucht: Risiken – Formen – Interventionen
Interdisziplinäre Ansätze von der Prävention zur Therapie

Herausgegeben von

Oliver Bilke-Hentsch
Euphrosyne Gouzoulis-Mayfrank
Michael Klein

Gerhard A. Wiesbeck

Kokainabhängigkeit

Verlag W. Kohlhammer

Dieses Werk einschließlich aller seiner Teile ist urheberrechtlich geschützt. Jede Verwendung außerhalb der engen Grenzen des Urheberrechts ist ohne Zustimmung des Verlags unzulässig und strafbar. Das gilt insbesondere für Vervielfältigungen, Übersetzungen, Mikroverfilmungen und für die Einspeicherung und Verarbeitung in elektronischen Systemen.

Pharmakologische Daten, d. h. u. a. Angaben von Medikamenten, ihren Dosierungen und Applikationen, verändern sich fortlaufend durch klinische Erfahrung, pharmakologische Forschung und Änderung von Produktionsverfahren. Verlag und Autor haben große Sorgfalt darauf gelegt, dass alle in diesem Buch gemachten Angaben dem derzeitigen Wissensstand entsprechen. Da jedoch die Medizin als Wissenschaft ständig im Fluss ist, da menschliche Irrtümer und Druckfehler nie völlig auszuschließen sind, können Verlag und Autoren hierfür jedoch keine Gewähr und Haftung übernehmen. Jeder Benutzer ist daher dringend angehalten, die gemachten Angaben, insbesondere in Hinsicht auf Arzneimittelnamen, enthaltene Wirkstoffe, spezifische Anwendungsbereiche und Dosierungen anhand des Medikamentenbeipackzettels und der entsprechenden Fachinformationen zu überprüfen und in eigener Verantwortung im Bereich der Patientenversorgung zu handeln. Aufgrund der Auswahl häufig angewendeter Arzneimittel besteht kein Anspruch auf Vollständigkeit.

Die Wiedergabe von Warenbezeichnungen, Handelsnamen und sonstigen Kennzeichen in diesem Buch berechtigt nicht zu der Annahme, dass diese von jedermann frei benutzt werden dürfen. Vielmehr kann es sich auch dann um eingetragene Warenzeichen oder sonstige geschützte Kennzeichen handeln, wenn sie nicht eigens als solche gekennzeichnet sind.

Es konnten nicht alle Rechtsinhaber von Abbildungen ermittelt werden. Sollte dem Verlag gegenüber der Nachweis der Rechtsinhaberschaft geführt werden, wird das branchenübliche Honorar nachträglich gezahlt.

Dieses Werk enthält Hinweise/Links zu externen Websites Dritter, auf deren Inhalt der Verlag keinen Einfluss hat und die der Haftung der jeweiligen Seitenanbieter oder -betreiber unterliegen. Zum Zeitpunkt der Verlinkung wurden die externen Websites auf mögliche Rechtsverstöße überprüft und dabei keine Rechtsverletzung festgestellt. Ohne konkrete Hinweise auf eine solche Rechtsverletzung ist eine permanente inhaltliche Kontrolle der verlinkten Seiten nicht zumutbar. Sollten jedoch Rechtsverletzungen bekannt werden, werden die betroffenen externen Links soweit möglich unverzüglich entfernt.

1. Auflage 2017

Alle Rechte vorbehalten
© W. Kohlhammer GmbH, Stuttgart
Gesamtherstellung: W. Kohlhammer GmbH, Stuttgart

Print:
ISBN 978-3-17-023948-7

E-Book-Formate:
pdf: ISBN 978-3-17-024062-9
epub: ISBN 978-3-17-024063-6
mobi: ISBN 978-3-17-024064-3

Geleitwort der Reihenherausgeber

Die Entwicklungen der letzten Jahrzehnte im Suchtbereich sind beachtlich und erfreulich. Dies gilt für Prävention, Diagnostik und Therapie, aber auch für die Suchtforschung in den Bereichen Biologie, Medizin, Psychologie und den Sozialwissenschaften. Dabei wird vielfältig und interdisziplinär an den Themen der Abhängigkeit, des schädlichen Gebrauchs und der gesellschaftlichen, persönlichen und biologischen Risikofaktoren gearbeitet. In den unterschiedlichen Alters- und Entwicklungsphasen sowie in den unterschiedlichen familiären, beruflichen und sozialen Kontexten zeigen sich teils überlappende, teils sehr unterschiedliche Herausforderungen.

Um diesen vielen neuen Entwicklungen im Suchtbereich gerecht zu werden, wurde die Reihe »Sucht: Risiken – Formen – Interventionen« konzipiert. In jedem einzelnen Band wird von ausgewiesenen Expertinnen und Experten ein Schwerpunktthema bearbeitet.

Die Reihe gliedert sich konzeptionell in drei Hauptbereiche, sog. »tracks«:

Track 1: Grundlagen und Interventionsansätze
Track 2: Substanzabhängige Störungen und Verhaltenssüchte im Einzelnen
Track 3: Gefährdete Personengruppen und Komorbiditäten

In jedem Band wird auf die interdisziplinären und praxisrelevanten Aspekte fokussiert, es werden aber auch die neuesten wissenschaftlichen Grundlagen des Themas umfassend und verständlich dargestellt. Die Leserinnen und Leser haben so die Möglichkeit, sich entweder Stück für Stück ihre »persönliche Suchtbibliothek« zusammenzustellen oder aber mit einzelnen Bänden Wissen und Können in einem bestimmten Bereich zu erweitern.

Unsere Reihe »Sucht« ist geeignet und besonders gedacht für Fachleute und Praktiker aus den unterschiedlichen Arbeitsfeldern der Suchtberatung, der ambulanten und stationären Therapie, der Rehabilitation und nicht zuletzt der Prävention. Sie ist aber auch gleichermaßen geeignet für Studierende der Psychologie, der Pädagogik, der Medizin, der Pflege und anderer Fachbereiche, die sich intensiver mit Suchtgefährdeten und Suchtkranken beschäftigen wollen.

Die Herausgeber möchten mit diesem interdisziplinären Konzept der Sucht-Reihe einen Beitrag in der Aus- und Weiterbildung in diesem anspruchsvollen Feld leisten. Wir bedanken uns beim Verlag für die Umsetzung dieses innovativen Konzepts und bei allen Autoren für die sehr anspruchsvollen, aber dennoch gut lesbaren und praxisrelevanten Werke.

Im vorliegenden Band wird der Bedeutung des Kokains als weitverbreitetem Suchtmittel nachgegangen. Es ist für die Einschätzung des individuellen und gesellschaftlichen Risikos von Kokainkonsum entscheidend, einerseits die typischen und für die Benutzer höchst verführerischen Wirkungsweisen zu kennen, andererseits die Frühzeichen einer besonderen Gefährdung und die Möglichkeiten zur Intervention. Aufgrund der sozialen Bedeutung von Kokain und ähnlichen Substanzen in der postmodernen Leistungsgesellschaft, die wahrscheinlich nicht hoch genug eingeschätzt werden kann, muss Kokainkonsum und Abhängigkeit auch immer im Kontext psychosozialer Gegebenheiten und gesellschaftlicher Rahmenbedingungen interpretiert werden. Hier gilt es, auch bisher wenig erreichten Konsumentengruppen verschiedenster Sozialschichten besser und früher Hilfen zugänglich zu machen. Damit diese teils schillernde psychosozial-gesellschaftliche Gesamtsicht aber nicht den klinisch-therapeutischen Blick für individuelle Risiken und Schicksale überdeckt, sind empirisch-wissenschaftlich fundierte Basiskenntnisse von hoher Bedeutung. Dieser Band liefert den Leserinnen und Lesern eine solche umfassende Sicht in kompakter Form.

Oliver Bilke-Hentsch, Winterthur/Zürich
Euphrosyne Gouzoulis-Mayfrank, Köln
Michael Klein, Köln

Inhalt

Geleitwort der Reihenherausgeber		**5**
Vorwort		**9**
1	**Einleitung**	**11**
1.1	Geschichte und Herkunft	11
1.2	Künstlerische und biographische Themenbezüge	16
2	**Epidemiologie**	**24**
3	**Stoff- bzw. Verhaltensspezifika**	**29**
3.1	Konsummuster	29
3.2	Konsumformen	33
3.3	Konsumweisen	36
4	**Pharmakologie und Neurobiologie**	**39**
4.1	Pharmakologie	39
4.2	Neurobiologie	44
5	**Substanzwirkungen**	**51**
5.1	Körperliche und psychische Wirkungen	51

5.2	Gesundheitliche Folgen des Kokainkonsums	61
5.3	Komorbidität mit psychischen Störungen	76
5.4	Kokain als Leistungsdroge	83

6	**Ätiologie/Integrativer interdisziplinärer Ansatz**	**95**

7	**Diagnostik**	**109**

8	**Therapieplanung und Interventionen**	**116**
8.1	Psychotherapeutisch-psychosoziale Behandlung	116
8.2	Medikamentöse Behandlung	125
8.3	Prävention	128

9	**Rechtliche Situation**	**134**

10	**Synopse und Ausblick**	**139**
10.1	Synopse	139
10.2	Ausblick	143

Literatur	**150**

Personen- und Stichwortverzeichnis	**165**

Vorwort

Seit Jahren werden Kokainabhängige in unserem Zentrum für Abhängigkeitserkrankungen in Basel behandelt. Sie suchen Hilfe, nachdem das Kokain ihr Leben in irgendeiner Weise erschüttert hat: Einigen droht die Kündigung des Arbeitsplatzes, andere sind mit dem Gesetz in Konflikt geraten oder vom Partner verlassen worden. Sie kommen in einem depressiven Crash, nach einem Suizidversuch oder mit einer paranoiden Psychose. Wer bei uns Hilfe sucht, kennt die Schattenseiten des Kokainkonsums.

Bei der Reihung der gefährlichen Drogen gehört Kokain zweifellos auf einen der vordersten Plätze. Das hat viele Gründe. Unter anderem ist es die substanzeigene Schadwirkung, das kokainspezifische, pharmakologische Wirkungsprofil, von dem diese Gefährlichkeit ausgeht. Davon wird in den nachfolgenden Kapiteln ausführlich die Rede sein.

Warum bleibt Kokain dennoch für viele Menschen so attraktiv? Warum erfährt es eine eher positive gesellschaftliche Konnotation, während andere Drogen, wie z. B. Heroin und Nikotin, sozial zunehmend geächtet werden? Das vorliegende Buch versucht eine Antwort auf diese Fragen. Es widmet sich dabei ausführlich folgenden Punkten:

Kokain verändert die Psyche! Solange seine Wirkung anhält, fühlt sich der Betroffene leistungsfähig, euphorisch und kommunikativ. Der »Ego-Stoff« macht selbstbewusst und kontaktfreudig – Eigenschaften, die heutzutage höchst attraktiv erscheinen.

Kokain ist preisgünstig! Auf Kleinhandelsebene zahlt der »Konsument« zwischen 40 und 100 Euro für ein Gramm. Damit ist Kokain auch für Arbeiter, Handwerker und Hausfrauen erschwinglich geworden. Der Kokainkonsum geht quer durch die Gesellschaft.

Kokain ist in großen Mengen vorhanden und daher leicht verfügbar! Die Messung von Kokainabbauprodukten in den Abwässern verschiedener Großstädte lässt plausible Schätzungen zu. Demnach wird von der urbanen Bevölkerung Europas täglich nahezu eine Tonne Kokain konsumiert. Das bleibt nicht ohne Folgen. Eine dieser Folgen, die Abhängigkeit, steht im Fokus dieses Buches. Kokain macht abhängig! – Zwar nicht jeden und nicht sofort, aber manche im Laufe der Zeit. Wer abhängig ist, verliert viele Freiheitsgrade, denn der innere Kompass justiert sich an neuen, schädlichen Prioritäten. Wollen und Handeln richten sich darauf aus, Kokain zu beschaffen, zu konsumieren und die negativen (sozialen, psychischen, gesundheitlichen, juristischen, finanziellen) Konsequenzen zu kompensieren. Zunehmend und nachdrücklich dominiert die Abhängigkeit den handlungsbestimmenden Willen des Konsumenten. Auf diese krankmachende Konsequenz – aber auch auf die Möglichkeiten einer wirksamen Behandlung – wird in den nachfolgenden Kapiteln ausführlich eingegangen.

Dieses Buch folgt einer doppelten Zielsetzung. In verständlicher Sprache will es einen möglichst breiten Leserkreis umfassend informieren. Anderseits soll es auch für Spezialisten und suchtmedizinisch Kundige eine nützliche Quelle zum Nachschlagen sein. Es brauchte daher einen Kompromiss zwischen allgemeinverständlicher Umschreibung und medizinischer Fachsprache. Ob er gelungen ist, mag der aufmerksame Leser selbst entscheiden.

Einige Menschen haben mich bei der Arbeit an diesem Buch sehr unterstützt. Ihnen danke ich von ganzem Herzen. Diejenigen, die gemeint sind, wissen es.

Basel, im August 2017
Gerhard A. Wiesbeck

1
Einleitung

1.1 Geschichte und Herkunft

Die getrockneten Blätter des Kokastrauchs werden von den indianischen Ureinwohnern der Andenländer seit über 5.000 Jahren als Genussmittel, aber auch zu medizinischen oder religiösen Zwecken genutzt. Noch heute ist es in einigen Ländern Südamerikas verbreitete Sitte, einen Klumpen Kokablätter zusammen mit einer Prise Kalk im Mund zu haben. Die spanischen Eroberer staunten über das hohe Ansehen, das dem Kokastrauch von der indianischen Bevölkerung entgegengebracht wurde. Der spanische Chronist Gareilaso de Vega schrieb, dass es die Hungrigen sättige, dem

Müden und Erschöpften neue Kraft verleihe und die Unglücklichen ihren Kummer vergessen lasse.

Einige Wissenschaftspioniere des 19. Jahrhunderts unternahmen Selbstversuche mit Kokablättern; so z. B. Paolo Mantegazza, ein italienischer Arzt und Erforscher psychotroper Pflanzen. Im Jahr 1853 berichtete er euphorisch: »Von zwei Cocablättern als Flügeln getragen, flog ich durch 77349 Welten, die eine prachtvoller als die andere. Gott ist ungerecht, dass er es so eingerichtet hat, dass der Mensch leben kann, ohne beständig Coca zu kauen. Ich ziehe ein Leben von zehn Jahren mit Coca einem Leben von hunderttausend Jahrhunderten ohne Coca vor…«

Perito Moreno, ein argentinischer Naturforscher des 19. Jahrhunderts, unternahm ebenfalls Selbstversuche mit Kokablättern. Er schrieb: »Man verliert das Bewusstsein nicht und doch fühlt man sich in einer phantastischen, ganz unbekannten Welt und erfreut sich eines unbeschreiblichen Wohlseins«.

Im Jahr 1863 versetzte der Korse Angelo Mariani erstmals einen Bordeauxwein mit Extrakten aus den Blättern der Kokapflanze und verkaufte ihn als »Vin Tonique Mariani à la Coca du Pérou«. Der französische »Mariani Wein« wurde wegen seiner stimulierenden Wirkung zu einem großen Verkaufserfolg. Ihm wurden heilsame Wirkungen gegen zahlreiche Krankheiten nachgesagt. So galt er u. a. als stimmungsaufhellend, verdauungsfördernd und appetitmindernd. Wegen seiner großen Popularität fanden sich bald zahlreiche Nachahmerprodukte, die als sog. Kokain-Weine bis in die 20er Jahre des letzten Jahrhunderts hinein auf dem Markt waren.

Abgesehen von den Selbstversuchen einzelner Forscher blieb das wissenschaftliche Interesse an der Kokapflanze lange Zeit gering. Das lag vor allem daran, dass die Kokablätter, wenn sie nach langer Schiffsreise in Europa ankamen, ihre Frische und damit ihre Wirksamkeit weitgehend verloren hatten. Das änderte sich nach der sog. »Novara-Expedition«.

Mitte des 19. Jahrhunderts unternahm die österreichische Marine mit der Fregatte »Novara« eine weltumspannende For-

1.1 Geschichte und Herkunft

schungsreise, die von der Kaiserlichen Akademie der Wissenschaften in Wien wissenschaftlich geleitet wurde (Novara-Expedition: 1857-1859). Ein Ballen peruanischer Kokablätter, den man aus Südamerika mitbrachte, kam nach Göttingen, wo dem Chemiker Albert Niemann 1860 gelang, was mehrere Wissenschaftler vor ihm vergeblich versucht hatten. Er isolierte die eigentliche Wirksubstanz, das Kokain, in reiner, kristalliner Form. In seiner Dissertation »Über eine neue organische Base in den Cocablättern« erfolgte die erste chemische Charakterisierung der neuen Substanz. Dem späteren Nobelpreisträger Richard Willstätter gelang es 1898, die Molekularstruktur aufzuklären, und 1923 synthetisierte er als Erster Kokain im Labor.

Im Jahr 1883 erprobte der deutsche Militärarzt Theodor Aschenbrandt die neue Kokainlösung an erschöpften Soldaten nach einem Herbstmanöver. Wiederum zeigte sich die muntermachende, leistungssteigernde Wirkung der Substanz. Aschenbrandts Veröffentlichungen darüber wurden u. a. von Sigmund Freud und Karl Koller gelesen, zwei Assistenzärzten am Allgemeinen Krankenhaus in Wien. Zusammen erforschten sie 1884 den Effekt von Kokain auf die Muskelkraft. Dabei entdeckte Karl Koller, ein angehender Augenarzt, im Selbstversuch die betäubende Wirkung von Kokain auf seine Mundschleimhaut und verwendete es daraufhin als Lokalanästhetikum am Auge. Durch seine Entdeckung wurde mittels einiger Tropfen Kokain-Lösung erstmalig ein schmerzfreies Operieren am Auge möglich.

Auch Sigmund Freud unternahm Selbstversuche mit Kokain. Am 30. April 1884 – er soll sich an diesem Tag besonders müde und niedergeschlagen gefühlt haben – nahm er zum ersten Mal in Wasser gelöstes Kokain auf oralem Weg zu sich. Kurz darauf fühlte er sich wohltuend leicht, in gehobener Stimmung, ja geradezu euphorisch. Seine Müdigkeit war wie weggeblasen. Nach zahlreichen weiteren Selbstversuchen veröffentlichte Freud seine positiven Erfahrungen in einem Artikel »Über Coca«, in dem er die Substanz als unbedenkliches Heilmittel gegen allerlei körperliche und psychische Beschwerden empfahl. Sein Irrtum löste die erste

Kokainwelle aus. Die Droge wurde zeitweise so populär, dass selbst Arthur Conan Doyles Romanheld Sherlock Holmes ihr verfiel. Im Jahr 1886 injizierte sich der britische Meisterdetektiv zum ersten Mal Kokain, um klarer denken zu können. Und in Atlanta (USA) erfand 1887 der Apotheker John Smith Pemperton das Coca-Cola, das bis 1906 tatsächlich Kokain enthielt.

Der zunehmenden Popularität der Droge wurden bis in den Beginn des 20. Jahrhunderts hinein keine gesetzlichen Grenzen gesetzt. Offermann (1926) schrieb darüber: »Da trat mit epidemischer Wucht auf noch unbekanntem Wege eine neue Sucht mit unheimlicher Infektiosität auf, der Schnupfcocainismus. Der Herd dieses neuen Lasters sass tief im verschlungenen, von Lust und Leid verknoteten Gewebe der Demimonde und Bohème des Montmartre und in den dunkeln Winkeln des Studentenviertels Quartier Latin. Von hier aus verbreitete sich die Sucht mit embolischer Wirksamkeit über die verschiedensten Länder aus, über England, Amerika, Russland und von hier durch die Kontagiosität der Nachkriegszeit nach Wien und Berlin... Eigene Komitees und Bekämpfungsausschüsse entstanden in den Ministerien, man verlangte internationale Reglementierung und Verbot der Cocainproduktion. Die strengsten Gesetze erliess Frankreich, mit dem Erfolg, dass sich das Laster nur mehr in seine Höhle verkroch und noch weniger zu ergreifen war.« (Offermann 1926).

Erst in den folgenden Jahrzehnten wurde Kokain nach und nach in fast allen westlichen Ländern verboten. Parallel dazu wurde es jedoch zur beliebten Droge in Künstler- und Literaturkreisen. Richard Strauss, Jean Cocteau, Hans Fallada, Gottfried Benn, Otto Dix und viele andere versuchten sich daran. Eine rigorose Verbotspolitik, wirksame Strafverfolgungsmethoden und chemisch erzeugte Alternativpräparate (Amphetamine) führten zu einem Rückgang des Kokainkonsums. Erst in der zweiten Hälfte des 20. Jahrhunderts wurde die Droge wieder populär. Filme wie »Easy Rider« oder Stars aus der Rockmusikerszene trugen dazu bei, dass es erneut »schick« wurde, Kokain zu konsumieren.

1.1 Geschichte und Herkunft

Es entstanden die ersten Drogenkartelle, die USA erklärten den »War on Drugs« und marschierten 1989 in Panama ein, um den dortigen Kokainanbau zu bekämpfen. Der »Siegeszug« der Droge in der leistungsorientierten Yuppie-Gesellschaft war dennoch nicht aufzuhalten. Der steigende Bedarf bei zugleich rigoroser Verbotspolitik führte zu riesigen Gewinnmargen im illegalen Kokainhandel. Dass sich die Finanzkrise 2008 nicht zur weltweiten Finanzkatastrophe entwickelte, sei u. a. den »Narco-Dollars« der Kokainmafia zu verdanken, behauptet der Mafia-Experte Roberto Saviano (2013). Die milliardenschweren Gewinne aus dem Kokainhandel, so Saviano, sollen damals durch ihre Rückführung in den legalen Geldkreislauf etliche Banken stabilisiert und den drohenden Zusammenbruch des weltweiten Finanzsystems mit verhindert haben. Kokain, die Rettung für Millionen von Kleinsparern?

Im Jahr 2004 schaffte es Kokain sogar auf die Titelseite des Schweizer Nachrichtenmagazins FACTS. Unter der Überschrift »Schnee bis in die Niederungen« war zu lesen, dass die »neue Volksdroge« zu günstigen Preisen nun auch bei Handwerkern, Hausfrauen und Jugendlichen angekommen sei.

> **Merke**
> Kokain konnte seinen weltweiten »Siegeszug« erst antreten, nachdem es 1860 gelungen war, die Reinsubstanz aus den Blättern des Kokastrauchs zu isolieren, seine Molekularstruktur aufzuklären (1898) und im Labor künstlich herzustellen (1923). Der »Kokainismus« traf die westlichen Gesellschaften zu Beginn des 20. Jahrhunderts mit solcher Wucht, dass die Droge in den meisten Ländern verboten wurde.

1 Einleitung

1.2 Künstlerische und biographische Themenbezüge

Das Kokain hat seinen Weg als Sujet in die Kunst auf vielerlei Weise gefunden. Sogar die Musik hat sich der Droge als Thema angenommen. So besingt beispielsweise die deutsche Rock-Band Rammstein die »weiße Fee« im brachialen Stil der sog. neuen deutschen Härte und die amerikanische Garage-Punk-Band FIDLAR hat ein Musikvideo namens »Cocaine« ins Netz gestellt. Andere Musikrichtungen haben sich des Kokains ebenfalls bedient. So z. B. J. J. Cale oder Jackson Taylor, die beide »Cocaine« im Musikstil des Countrysongs vertonen. Robin Thicke und Mr. Vik sind weitere Beispiele für zeitgenössische Musiker und die »Gitarrenlegende« Eric Clapton besang das »Cocaine« sogar in der Royal Albert Hall. Der jamaikanische Reggae-Musiker »Dillinger« landete mit seinem Song »Cocaine in my brain« in den 70er Jahren auf Platz 35 auf der Hitliste der deutschen Singlecharts. Ein Klangerlebnis, das vermutlich mehr mit Kommerz als mit Kunst zu tun hat, ist das sog. »I-Dosing Cocaine«. Dabei handelt es sich um ein internetbasiertes Audioangebot, das ein akustisches Rauscherlebnis vermitteln soll. Über Kopfhörer werden beide Ohren unabhängig voneinander mit Tönen unterschiedlicher Frequenzen, sog »binaural beats«, beschallt. Angeblich können damit rauschähnliche Zustände hervorgerufen werden, die an die Wirkung von Kokain erinnern sollen…

Von Richard Strauss (1864-1949) wird berichtet, dass er sich 1928 in einer Frankfurter Klinik einer Nasenscheidewandoperation unterziehen musste. Zur örtlichen Betäubung wurden ihm, wie damals üblich, zwei mit Kokain getränkte Wattebäusche in die Nasenlöcher geschoben. Dies hatte musikalische Konsequenzen. Als nämlich sein Arzt nach der Operation zur Visite erschien, war Richard Strauss eifrig am Komponieren. Krankenzimmer und Bett waren mit Notenblättern übersät. Der Komponist hatte gerade zwei der schönsten Arien für seine Oper »Arabella« beendet

1.2 Künstlerische und biographische Themenbezüge

(»Aber der Richtige, wenn's einen gibt für mich auf dieser Welt« sowie »Und du wirst mein Gebieter sein«). »Das Zeug« habe ihn »ganz munter gemacht«, so Richard Strauss über das Kokain und zu seinem Arzt gewandt soll er hinzugefügt haben: »Die Nachwelt wird Sie dafür verantwortlich machen« (Der Spiegel 17/1978).

Seltener als in der Musik findet man das Sujet Kokain in der Malerei. Berühmt geworden sind die Werke von Otto Dix, der die kokainverderbte Halb- und Nachkriegswelt der 1920er Jahre in seinen Bildern festgehalten hat. So z. B. sein »Portrait der Tänzerin Anita Berber« (1925): Es zeigt die berühmteste »Kokain-Kokotte« der 20er Jahre, die für ihren exzessiven Konsum berüchtigt war. Dix malte sie drei Jahre vor ihrem frühen Tod im enganliegenden Kleid, mit verlebten Augen, roten Haaren, spitzem Mund und kalkweißem Gesicht. Das ganze Bild leuchtet in obszönem Bordellrot.

Kokain, Prostitution und Malerei waren auch die Stichworte, die Jörg Immendorf 2003 in die Schlagzeilen brachte. Nach seinem Tod fragte sich die Kunstwelt, wie viele seiner zuletzt fabrikmäßig hergestellten Gemälde tatsächlich von ihm selbst stammten und bei wie vielen es sich vielleicht um »Werkstattkopien« handelte, mit denen er seine Kokainpartys finanzierte.

Am häufigsten findet man das Sujet Kokain in der Literatur. Zwei der bekanntesten Beispiele dafür sind die Gedichte »Cocain« und »Oh Nacht« des Arztes und Lyrikers Gottfried Benn (1886-1956):

Cocain (Gottfried Benn 1917)

Den Ich-Zerfall, den süßen, tiefersehnten,
Den gibst Du mir: schon ist die Kehle rau,
Schon ist der fremde Klang an unerwähnten
Gebilden meines Ichs am Unterbau.
Nicht mehr am Schwerte, das der Mutter Scheide
Entsprang, um da und dort ein Werk zu tun
Und stählern schlägt –: gesunken in die Heide,

1 Einleitung

Wo Hügel kaum enthüllter Formen ruhn!
Ein laues Glatt, ein kleines Etwas, Eben-
Und nun entsteigt für Hauche eines Wehns
Das Ur, geballt, Nicht-seine beben
Hirnschauer mürbesten Vorübergehns.
Zersprengtes Ich – o aufgetrunkene Schwäre –
Verwehte Fieber – süß zerborstene Wehr –:
Verströme, o verströme Du – gebäre
Blutbäuchig das Entformte her.

O Nacht (Gottfried Benn 1916)

O Nacht! Ich nahm schon Kokain
Und Blutverteilung ist im Gange,
das Haar wird grau, die Jahre fliehn,
ich muss, ich muss im Überschwange
noch einmal vorm Vergängnis blühn.

(Gedichte aus: Gottfried Benn. Sämtliche Gedichte. Klett-Cotta, Stuttgart 1998.)

Die beiden Gedichte kündigten die große Kokainwelle der 1920er Jahre an, über die Carl Zuckmayer (1896-1977) schrieb: »Das Koksen war [...] große Mode. Man hielt das Laster für interessant oder geniehaft [...]. Ich selbst habe mich, obwohl in meiner Umgebung zeitweise das Kokain eimer- und mehlsackweise verschnupft wurde, nie damit eingelassen. Mir war das ekelhaft, schon wegen der entzündeten Nasenlöcher«.

Der große »Skandalroman« der 1920er Jahre, der dies literarisch verarbeitete und der seine Schatten bis in die heutige Zeit wirft, war Pitigrillis »Kokain«. Dino Segre, ein 1893 in Turin geborener promovierter Jurist, Zeitungskorrespondent und Redakteur, veröffentlichte seinen Roman »Kokain« (Cocaina: romanzo) im Jahre 1922 unter dem Pseudonym Pitigrilli. Er lässt darin seinen Romanhelden im Pariser Halbweltmilieu der 20er Jahre die Wirkung von

Kokain am eigenen Leib erfahren: »Als er das weiße Pulver durch die Nase einsog, hatte er die Empfindung einer aromatischen Erfrischung, als verflüchtigten sich ihm in der Kehle ätherische Öle aus Thymian und Zitrone. Einige winzige Teilchen, die durch die Nase ihm hinten in den Mund kamen, verursachten ein leichtes Brennen im Hals und einen bitteren Geschmack auf der Zunge [...]. Ah, da kam es: ein Kältegefühl an der Nase, eine Lähmung inmitten des Gesichts; die Nase war völlig unempfindlich, sie existierte nicht mehr.« Unter dem Einfluss von Kokain erlebt der Romanheld allerlei sexuelle Eskapaden und Orgien, bis er sich am Ende selbst das Leben nimmt. Das Buch wurde mehrfach verboten, was seine Popularität ungeheuer steigerte, und bis heute ist die Kennzeichnung »Skandal-Roman« geläufig. Rainer Werner Fassbinder plante, das Buch zu verfilmen und Frank Castorf nahm es 2004 als Vorlage für seine Inszenierung von »Kokain« auf der Berliner Volksbühne.

Bis heute bleibt das Thema »Kokain« ein wiederkehrendes literarisches Sujet. Eine Anthologie mit Anspruch auf Vollständigkeit kann hier nicht geboten werden, aber einige bemerkenswerte Beispiele sind: »Annerl – Roman des Kokains« von Max Brod (1936), »Roman mit Kokain« des russischen Schriftstellers Mark Lasrewitsch Levi, der 1936 in Paris unter dem Pseudonym »M. Agejew« veröffentlicht wurde, »Was ich davon halte« von Eckart Nickel (2000) sowie zwei Bücher von Konstantin Wecker: »Und die Seele nach außen kehren – Ketzerbriefe eines Süchtigen« (1983) und »Uferlos« (2009).

In den 1990er Jahren schrieb der amerikanische Novellist und Essayist William S. Burroughs in seinem (zunächst verbotenen) Kult-Roman »Naked Lunch«: »A brain loaded with cocaine is a crazy pinball machine, whose blue and red lamps flash on and off in an electric orgasm« (Burroughs 1951).

In Joachim Lottmanns satirischer Romangroteske: »Endlich Kokain« greift die Hauptfigur zu einer radikalen Methode gegen ihre enorme Fettleibigkeit. Als der frühpensionierte Journalist erfährt, dass er nur noch wenige Jahre zu leben habe, setzt er sich

selbst auf eine »Kokain-Diät«. Und mit jedem Pfund, das er verliert, verändert sich sein Charakter...
In Bettina Gundermanns Debutroman »lines« (2001) dreht sich alles um eine weiße Linie. Es geht »um die relativ kurzen Lebenslinien der Konsumenten, erzählt aus der Perspektive eines bekoksten Mannes, der sich als Zauberer mit spitzem Hut vorstellt« (Verna 2001). In Ich-Form schnüffelt sich der Erzähler entlang einer weißen Linie und erzählt dabei »von Süchtigen, die Kinder kriegen und sterben, von den Kindern der Süchtigen, die im Nonnenheim landen oder im Müllcontainer und zunächst überleben, von Selbstmörderinnen, die ebenfalls zunächst überleben, aber nur halb.« (Verna 2001a).
Im Jahr 2013 erschien in Mailand der Tatsachenroman »Zero Zero Zero« von Roberto Saviano. Das Buch – halb literarisch, halb journalistisch – gelangte bereits kurz nach seinem Erscheinen auf den ersten Platz der Bestsellerliste. In einer Mischung aus Recherche und Fiktion beschreibt der Autor darin »die Welt als einen Körper, dem ständig Kokain zugeführt werden muss«. Die Kokainmafia sei, so Savianos kühne These, das profitabelste multinationale »Unternehmen« der Erde, das u. a. die internationale Finanzkrise 2008 nutze, um seine Milliardengewinne in den legalen Geldkreislauf zurückzuführen. Eine damals drohende weltweite Bankenkatastrophe sei so verhindert worden. »Der Text liest sich wie ein Bühnenmonolog, eine Performance, in die der Leser mit der Anrede ›du‹ immer einbezogen wird, als sei er Teil eines Kunstwerks [...]. Und ein kleines Kapitel ist sogar in Verse gesetzt«. (Klüver 2013).
Einige Künstler bezahlten ihre Kokainabhängigkeit mit dem vorzeitigen Tod, so z. B. der Filmemacher Rainer Werner Fassbinder (1982), der Schauspieler River Phoenix (1993), der Sänger Falco (1998), der Musiker Ike Turner (2008), die Schauspielerin Maria Kwiatkowsky (2011), die Sängerin Whitney Houston (2012) und der Schauspieler Robin Williams (2014).

1.2 Künstlerische und biographische Themenbezüge

Fallvignette 1

Ein 22-jähriger Student wird am Sonntagabend von seiner Freundin in die Notfallambulanz des örtlichen Krankenhauses gebracht. Der bisher gesunde Patient klagt über heftige Schmerzen hinter dem Brustbein. Diese Beschwerden hätten vor ca. 24 Stunden begonnen, seien bisher immer heftiger geworden, belastungsunabhängig und strahlten in die linke Schulter aus. Es bestehen keine Atemnot, keine erhöhte Temperatur und keine Herzrhythmusstörung. Die Laboruntersuchung der Blutwerte und das EKG ergeben den Verdacht auf einen akuten Herzinfarkt. Der junge Mann, der bisher keinerlei Herzprobleme gehabt hatte, ist Hobbysportler, leicht untergewichtig und Nichtraucher. Auch in seinem familiären Umfeld lassen sich keine Herzerkrankungen finden. Die Diagnose eines akuten Herzinfarkts (lokalisiert im Bereich der Vorder- und Seitenwand der linken Herzkammer) kann in der Folge mittels weiterer Untersuchungen durch den Kardiologen bestätigt werden.

Da Herzinfarkte bei Jugendlichen eine Rarität sind, wird eine genaue Anamnese erhoben. Dabei stellt sich heraus, dass der Patient seit dem 15. Lebensjahr regelmäßig Kokain schnupft. Hatte sich sein Konsum zunächst nur auf wenige Wochenenden im Jahr und auf Partys beschränkt, so konsumierte er seit seinem 19. Lebensjahr Kokain immer häufiger und in immer größeren Mengen. Dem Beginn der oben geschilderten Herzbeschwerden war wenige Stunden zuvor ein exzessiver Konsum mit Kontrollverlust vorausgegangen (»Kokain-Binge«). Aufgrund dieses zeitlichen Zusammenhangs und des Fehlens anderer Risikofaktoren wird die Diagnose eines akuten Herzinfarkts im Zusammenhang mit Kokainkonsum (»cocaine-associated myocardial infarction«, CAMI) gestellt.

Der weitere Behandlungsverlauf gestaltet sich komplikationslos. Der Patient wird in körperlich beschwerdefreiem Zustand aus der kardiologischen Abteilung ins Zentrum für Abhängigkeitserkrankungen verlegt. Dort erfolgt über mehrere Wochen die zunächst stationäre, dann tagesklinische suchtspezifische, verhaltenstherapeutisch orientierte Behandlung seiner Kokainabhängigkeit. Während der sich anschließenden ambulanten Nachsorge kommt es anfänglich und wiederholt zum erneuten Kokainkonsum, allerdings ohne Kontrollverlust. Danach ist der Patient durchgehend kokainabstinent, was durch regelmäßige Urinuntersuchungen belegt wird.

Fallvignette 2
Eine 39-jährige Hausfrau, Mutter von zwei Kindern, versucht sich mit Alkohol und Tabletten das Leben zu nehmen. Der Suizidversuch wird vom Ehemann rechtzeitig entdeckt, seine Frau kann dank der sofort eingeleiteten Notfallmaßnahmen gerettet werden. Nach dreitägiger intensivmedizinischer Behandlung befindet sie sich außer Lebensgefahr.

Im Gespräch mit einem Psychiater stellt sich heraus, dass die Patientin seit Jahren Kokain konsumiert: Zum ersten Mal probierte sie Kokain mit 24 Jahren, seit dem 31. Lebensjahr konsumierte sie die Droge regelmäßig an Wochenenden, seit dem 35. Lebensjahr auch mehrfach während der Woche und in steigender Menge. Mitunter konsumierte sie bis zu einem halben Gramm Kokain am Tag. Dieses süchtige Verhalten war zu einer schweren Belastung für die ganze Familie geworden. Schließlich drohte der Ehemann damit, sich scheiden und ihr das Sorgerecht für die beiden Kinder entziehen zu lassen, worauf die Patientin aus Angst davor ihren Kokainkonsum abrupt beendete.

Sie wurde daraufhin zunehmend müde, antriebs- und interesselos. Sie fühlte sich schwach und litt unter einem unruhigen Schlaf mit lebhaften, unangenehmen Träumen. Tagsüber verspürte sie eine innere Unruhe mit allgemeinem Unwohlsein, Kraft- und Lustlosigkeit. Sie litt unter innerer Anspannung und Konzentrationsstörungen, ihre Stimmung wurde zunehmend depressiv. Schuldgefühle gegenüber der Familie quälten sie immer heftiger und die ersten Suizidfantasien drängten sich ihr

1.2 Künstlerische und biographische Themenbezüge

auf. Am Schlimmsten empfand sie jedoch das mehrfach am Tag anfallsartig auftretende, nahezu unwiderstehliche Verlangen nach Kokain, das sie mit Alkohol zu bekämpfen versuchte. Als sie nach zweiwöchiger Abstinenz diesem Verlangen nachgab und erneut Kokain konsumierte, zog der Ehemann aus der gemeinsamen Wohnung aus. Daraufhin erfolgte der geschilderte Suizidversuch.

Der Psychiater kann die Patientin zu einer stationären Behandlung ihrer Kokainabhängigkeit motivieren. Ausschlaggebend für ihre Therapiebereitschaft ist die Unterstützung des Ehemanns, der seine Trennungsabsichten zurücknimmt, im Gegenzug dafür aber von seiner Frau erwartet, dass sie sich in professionelle Behandlung begibt.

2

Epidemiologie

Weltweit liegt der Anteil der kokainkonsumierenden Erwachsenen (15-64 Jahre) seit Jahren recht stabil zwischen 0,3 % und 0,4 % (Jahresprävalenz). In vielen Ländern fällt diese Rate jedoch deutlich höher aus, so z. B. in den USA und in den kokainproduzierenden Ländern Bolivien, Kolumbien und Peru. Sie liegt dort zwischen 2 % und 4 % der Erwachsenen pro Jahr (WHO Drug Report 2012).

In Europa steht das Kokain in der Reihenfolge der illegalen Drogen nach dem Cannabis an zweiter Stelle. Allein die Sicherstellung durch Zoll und Polizei – also jene Menge, die *nicht* in den Markt gelangt – belief sich 2014 europaweit auf etwa 60 Tonnen Kokain. Über 80 % dieser Menge sind via Spanien, Belgien,

2 Epidemiologie

die Niederlande, Frankreich und Italien in die Europäische Union gelangt. Begründeten Schätzungen des »European Monitoring Centre for Drugs and Drug Addiction (EMCDDA)« in Lissabon zufolge liegt die Konsummenge in der EU zwischen 80 und 120 Tonnen Kokain pro Jahr (EU Drug Markets Report 2016).

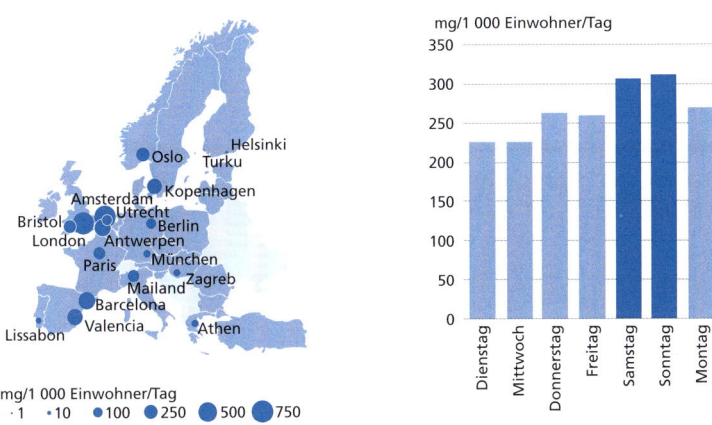

Anmerkung: Mittlere tägliche Kokainmengen in Milligramm je 1 000 Einwohner. Die Probenahme wurde 2014 in ausgewählten europäischen Städten über einen Zeitraum von einer Woche durchgeführt.

Quelle: Sewage Analysis Core Group Europe (SCORE)

Abb. 2.1: Kokainrückstände im Abwasser in ausgewählten europäischen Städten (links) und tägliche Durchschnittswerte (rechts) (Europäischer Drogenbericht 2015)

Populäres Interesse hat in jüngster Zeit die Messung der Kokainabbauprodukte (▶ Kap. 4 Pharmakologie und Neurobiologie) in städtischen Abwässern gefunden (vgl. NZZ vom 28.05.2014). Durch dieses »Abwassermonitoring« sollen sich rechnerische Rückschlüsse auf den Gesamtkonsum einer Bevölkerung ziehen lassen (die Methode ist nicht unumstritten, da sie u. a. vom regional sehr unterschiedlichen Reinheitsgrad des konsumierten Kokains abhängt). Forscher der ETH Zürich haben in zwei aufeinanderfolgenden Jahren die Abwässer von 42 europäischen Metropolen je eine Woche lang analysiert. Ihre Ergebnisse zeigten deutliche geographische Unterschiede: Die niedrigsten Werte fanden sich im Norden und Osten, die höchsten im Westen Europas und an Wochenenden. Im Vergleich nahmen Amsterdam, Antwerpen, London und Zürich (in dieser Reihenfolge) die Spitzenplätze unter den am meisten Kokain konsumierenden europäischen Städten ein. Aus diesen Abwassermessungen errechneten die Forscher eine Konsummenge von 832 kg Kokain pro Tag durch die städtische Bevölkerung der Europäischen Union (Ort et al. 2014).

Die traditionellere Methode, Informationen über den Kokainkonsum eines Landes zu erhalten, besteht darin, standardisierte Interviewbefragungen in repräsentativen Bevölkerungsstichproben durchzuführen. Auf diesem Wege kam man zu folgenden Ergebnissen: etwa 2,4 Millionen junge Europäer (15-34 Jahre) konsumierten in den letzten zwölf Monaten Kokain, was einer Prävalenz von 1,9 % in dieser Altersgruppe entspricht (▶ Tab. 2.1). Viele konsumieren es in ihrer Freizeit, am häufigsten an Wochenenden. In wenigen Ländern liegt die Prävalenzrate unter jungen Erwachsenen über 3 %, so z. B. in Spanien und in Großbritannien (Europäischer Drogenbericht 2015).

Tab. 2.1: Verschiedene Prävalenzen des Kokainkonsums in der europäischen Allgemeinbevölkerung (EU Drug Markets Report 2016)

	Altersgruppe (Jahre)	Geschätzte Anzahl an Konsumenten (Millionen)	% der EU-Bevölkerung (Bandbreite zwischen den Ländern)
Lebenszeit	15–64	17,1	5,1 (0,5–10,3)
	15–34	8,3	6,7 (1,0–12,8)
Letzte zwölf Monate	15–64	3,6	1,1 (0,1–2,4)
	15–34	2,4	1,9 (0,2–4,2)
Letzte 30 Tage	15–64	1,4	0,4 (0,0–1,0)
	15–34	0,8	0,7 (0,0–1,7)

Schwierig ist es, einzuschätzen, wie viele Personen nicht nur Kokain konsumieren, sondern davon abhängig sind. Nur wenige europäische Länder liefern dazu aktuelle Zahlen. So wurde beispielsweise für Deutschland der Anteil der Kokain-Abhängigen an der erwachsenen Bevölkerung mit 0,2 % angegeben, Italien bezifferte diese Rate mit 0,23 %, Spanien mit 0,29 % (Europäischer Drogenbericht 2015).

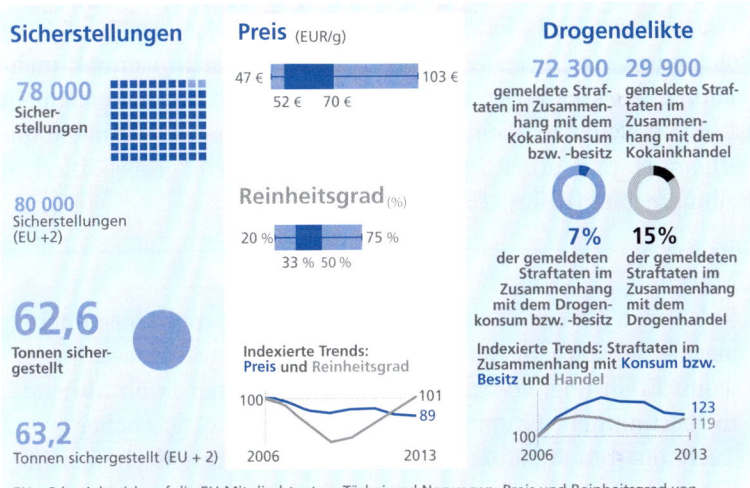

Abb. 2.2: Sicherstellungen, Preis, Reinheitsgrad und Delikte im Zusammenhang mit Kokain in Europa (Europäischer Drogenbericht 2015)

Genauere Daten verfügt man über Kokain-Abhängige, die sich in eine Therapie begeben. Die überwiegende Mehrheit von ihnen ist männlich (85 %) und hat Kokain nasal konsumiert (65 %) oder inhaliert (26 %). Das Durchschnittsalter beim Erstkonsum liegt bei 22 Jahren, das Durchschnittsalter bei Behandlungsbeginn bei 33 Jahren. In nahezu der Hälfte der Fälle (49 %) handelt es sich um Personen, die sich zum ersten Mal in eine Therapie begeben, in

2 Epidemiologie

51 % erfolgt die Behandlungsaufnahme durch die eigene Initiative der Betroffenen. Ein Viertel (25 %) hatte vor Therapiebeginn täglich Kokain konsumiert (Europäischer Drogenbericht 2015).

Der Verbreitungsgrad des Kokains nimmt beträchtlich zu, wenn man sich statt der Allgemeinbevölkerung bestimmte Subgruppen anschaut. In der »Techno-Party-Szene«, unter Gefängnisinsassen und unter Abhängigen von anderen Drogen beispielsweise findet man Häufigkeiten von (je nach Untersuchung) 30 %–80 %.

Generell lässt sich feststellen, dass die Altersgruppe der jungen Erwachsenen (15-34 Jahre) diejenige ist, die Kokain am häufigsten konsumiert. In dieser Altersgruppe finden sich viermal mehr Männer als Frauen. Der »typische« europäische Kokainkonsument ist im Vergleich zu Nichtkonsumenten eher jünger, männlich, unverheiratet und arbeitslos und wohnt in einem großstädtischen Ballungsgebiet (Kraus et al. 2010).

> **Merke**
>
> Kokain ist die nach Cannabis am zweithäufigsten konsumierte illegale Substanz in Europa. Etwa 5 % der Erwachsenen haben damit Erfahrung, etwa 1 % während der letzten zwölf Monate. In bestimmten Gruppen (junge Erwachsene, Besucher von Technopartys, Inhaftierte) ist die Konsumrate jedoch wesentlich höher. Auf dem Schwarzmarkt wird Kokain mit einem Reinheitsgrad von 33-50 % angeboten. Der Preis pro Gramm liegt im europäischen Durchschnitt zwischen 52 und 70 Euro.

3

Stoff- bzw. Verhaltensspezifika

3.1 Konsummuster

Nach Angaben der Europäischen Beobachtungsstelle für Drogen und Drogensucht (EMCDDA) in Lissabon haben über 15 Millionen Menschen in der Europäischen Union Konsumerfahrung mit Kokain (EMCDDA 2015). Diese Zahl – es handelt sich dabei um die Lebenszeitprävalenz – umfasst die ganze Bandbreite des möglichen Konsums, vom einmaligen Probieren am Wochenende bis hin zum Kokain-»Binge« über mehrere Tage. Für eine differenzierte Betrachtung empfiehlt es sich jedoch, nach bestimmten Konsummustern Ausschau zu halten. Gibt es beispielsweise eine Gruppe von Menschen, die Kokain »kontrolliert« konsumieren?

Kontrollierter Konsum

Ob es einen »kontrollierten« Kokainkonsum gibt, ist eine Definitionsfrage. Aus der Therapieperspektive kann kontrollierter Konsum als ein Behandlungsziel verstanden werden, bei dem es darum geht, dass Menschen mit einem bereits schädlichen Kokainkonsum Gebrauchsregeln erlernen, die es ihnen ermöglichen, über Zeitpunkt und Menge des Konsums selbstbestimmt zu entscheiden. Kontrollierter Konsum in diesem Sinne mag sich beispielsweise für Patienten anbieten, die sich der Abstinenz strikt verweigern.

Kontrollierter Konsum kann aber auch anders verstanden werden; nicht im Sinne eines zu erlernenden Behandlungsziels für Patienten mit einem bereits problematischen Gebrauchsmuster, sondern als moderater Kokainkonsum, der die Grenze zur Behandlungsnotwendigkeit nicht überschreitet, weil er Kontrollverluste vermeidet und die soziale Integration des Konsumenten nicht gefährdet.

Hinweise darauf, dass ein solches Konsummuster existiert, geben die sog. »capture rates« (▶ Tab. 5.1: Anteil der Konsumierenden, die eine Abhängigkeit entwickeln). Darunter versteht man jenen Anteil unter den Konsumenten einer Droge, der eine Abhängigkeit entwickelt. Diese »capture rate« ist beim Tabak am höchsten, das Kokain liegt nach dem Heroin an dritter Stelle der süchtig machenden Substanzen. Bemerkenswert ist, dass diese »capture rate« beim Kokain weit unter hundert Prozent liegt. Der größere Teil der Kokainkonsumenten erfüllt demnach nicht die Kriterien einer Abhängigkeit (National Addiction Center 2003).

Hinweise darauf, dass ein kontrolliertes Kokainkonsummuster existiert, gibt es auch in einer Untersuchung von Prinzleve et al. (2004). Dabei handelt es sich um eine Querschnittsuntersuchung mit 1855 Kokainkonsumenten aus neun europäischen Großstädten. Etwa ein Drittel der Patienten konnte einer Gruppe zugeordnet werden, die sich nicht in Behandlung befand und die als »sozial integrierte Kokainkonsumenten« bezeichnet wurde. Diese Gruppe war v. a. dadurch charakterisiert, dass die überwiegende

Mehrheit (95 %) das Kokain ausschließlich nasal konsumierte und dies durchschnittlich an nur sieben Tagen im zurückliegenden Monat. Das Kokain wurde in dieser Gruppe nur von einer Minderheit intravenös zugeführt (2 %) oder als Crack geraucht (4 %). Die Durchschnittsdauer des regelmäßigen Kokainkonsums lag in dieser Gruppe bei etwas über vier Jahren (Prinzleve et al. 2004).

Multipler Substanzgebrauch

Im Diagnosesystem der Weltgesundheitsorganisation (WHO), der 10. Revision der »Internationalen Klassifikation psychischer Störungen« (ICD-10), ist der Begriff des multiplen Substanzgebrauchs aufgeführt, aber nicht näher definiert (Dilling et al. 1991). Üblicherweise versteht man darunter den Konsum mehrerer psychotroper Substanzen (ausgenommen Koffein und Nikotin) in einem definierten Zeitraum.

In der Untersuchung von Prinzleve et al. (2004) hatten die Kokainkonsumenten (N = 1855) innerhalb der letzten 30 Tage zusätzlich Cannabis (69 %), Alkohol (67 %), Heroin (44 %), nicht-rezeptierte Medikamente (32 %), Amphetamine (23 %), nichtrezeptiertes Methadon (11 %), Halluzinogene (10 %) oder Inhalantien (2 %) konsumiert. Der Konsum dieser Substanzen kann gleichzeitig oder unabhängig voneinander erfolgen.

Eine besondere Form des multiplen Substanzgebrauchs ist der gleichzeitige Konsum von Kokain und Heroin. Die intravenöse Injektion dieses Gemischs wird im Szenejargon als »Speedball« bezeichnet. Die stimulierende Wirkung des Kokains soll dabei die sedierende Wirkung des Heroins ausgleichen und dadurch einen enormen euphorisierenden Effekt erzielen. Die besondere Gefahr dieses Konsummusters liegt in der unterschiedlichen Halbwertszeit beider Drogen. Da Kokain im Organismus deutlich schneller als Heroin abgebaut wird, werden Atemlähmung und Erstickungsgefahr – die lebensgefährlichen Risiken einer Heroinüberdosierung – durch die stimulierende Kokainwirkung anfänglich kaschiert.

Sowohl dieser simultane als auch der sequentielle Konsum von Kokain und Heroin sind Konsummuster, die man vorwiegend bei Heroinabhängigen findet (je nach Untersuchungsgruppe bei über 90 %). Kokainabhängige schätzen in der Regel die sedierende Wirkung des Heroins nicht so sehr, wie umgekehrt Heroinabhängige die euphorisierende Wirkung des Kokains. Besonders bei Heroinabhängigen, die sich in Substitutionsbehandlung befinden, wird vermutet, dass sie die fehlende Euphorisierung durch das Substitut mit Kokain ausgleichen (Übersicht: Leri et al. 2003).

Geschlechterspezifische Konsummuster

»Why are women from Venus and men from Mars when they abuse cocaine?« fragte Frau Quinones-Jenab in Brain Research (2006). Es liege wohl, so ihre Antwort, am Einfluss der unterschiedlichen Geschlechtshormone auf das Gehirn. So werden beispielsweise die euphorisierenden Effekte von Kokain im ersten Abschnitt des weiblichen Zyklus (Östrogenphase) deutlicher wahrgenommen als im zweiten Zyklusabschnitt (Progesteronphase). Unter Progesteronwirkung müssen höhere Dosen konsumiert werden, um den gleichen Effekt zu erzielen wie unter Östrogeneinfluss. Die Gefahr einer Überdosierung ist demnach in der zweiten Zyklushälfte höher.

Spiegelt sich diese geschlechterdifferente Reaktion des Gehirns auf Kokain in einem bei Männern und Frauen unterschiedlichen Kokain-Gebrauchsmuster nieder? Eine Untersuchung an über zweitausend Kokainabhängigen verneint diese Frage. Auch dass das Konsummuster »Kokain plus Alkohol« bei Männern häufiger anzutreffen sei als bei Frauen, konnte durch diese Untersuchung nicht bestätigt werden (Najavits und Lester 2008).

3.2 Konsumformen

Kokainpaste

Kokainpaste wird aus getrockneten Kokablättern hergestellt. Für ein Kilogramm Paste werden mehrere hundert Kilogramm Kokablätter benötigt. Sie werden zerkleinert, in Wasser eingeweicht und mit Chemikalien versetzt, vor allem mit Schwefelsäure. Auf diesem Weg entsteht Kokainsulfat. Gut getrocknet kann die Paste mit Tabak oder Cannabis vermischt und geraucht werden.

Der Konsum von Kokainpaste ist in Europa unüblich, in Südamerika hingegen, vor allem in der ärmeren Bevölkerung, sehr populär. Die Paste ist häufig mit anderen Chemikalien verunreinigt und mit Koffein gestreckt (López-Hill et al. 2011). Auf den europäischen Markt gelangt Kokainpaste als »Zwischenprodukt« für den Transport und für die Weiterverarbeitung zu Kokainhydrochlorid.

Kokain-Hydrochlorid

Kokain in Salzform ist ein weißes Pulver: Kokain-Hydrochlorid, ein Salz der Salzsäure. Es ist die gebräuchlichste Konsumform auf dem Schwarzmarkt, wobei es dort selten in reiner Form erhältlich ist. Üblicherweise ist es mit Backpulver, Laktose, Dextrose oder Mannit gestreckt, um über eine Mengenvermehrung den Gewinn zu erhöhen. Nicht selten findet man im Schwarzmarkt-Kokain auch Lokalanästhetika (z. B. Lidocain, Benzocain), welche auf den Schleimhäuten den kokaintypischen Taubheitseffekt imitieren sollen.

Kokain-Hydrochlorid ist wasserlöslich und eignet sich daher gut für die Zuführung über die Schleimhäute von Nase (nasal) und Mund (oral) sowie für den intravenösen Konsum. Zum Rauchen hingegen eignet es sich nicht, da es sich erst bei höheren Temperaturen verflüchtigt und dann leicht verbrennt.

Kokainbase (»Freebase«)

Neben der Salzform (Kokain-Hydrochlorid) ist Kokain auf dem Schwarzmarkt auch in Basenform als sog. freie Base (»freebase«) erhältlich. Chemisch handelt es sich dabei um Benzoylmethylekgonin, ein Kokain-Alkaloid. Es ist chemisch relativ leicht herzustellen durch Aufkochen des Hydrochlorids mit Ammoniak. Dadurch entsteht eine Kokainform, die sich gut zum Rauchen eignet, weil sie einen niedrigen Schmelzpunkt hat und sich schnell verflüchtigt, ohne zu verbrennen. Über 80 % des Kokains übersteht so die Hitze und gelangt durch das Rauchen innerhalb weniger Sekunden ins Gehirn, wo es schlagartig ein euphorisches Rauscherleben (»kick«) auslöst. Deshalb hat das Rauchen der freien Base in den 80er Jahren sehr rasch das Rauchen von Kokain-Hydrochlorid (zusammen mit Tabak oder Marihuana-Zigaretten) abgelöst. Im Gegensatz zum Kokain-Hydrochlorid ist »Freebase« jedoch nicht wasserlöslich und eignet sich daher nicht zum Schnupfen, Essen oder Injizieren.

Crack

Crack wird hergestellt durch das Aufkochen von Kokainhydrochlorid mit Natriumhydrogencarbonat (ob es dabei zu einem sog. Aufreinigungseffekt kommt, ist umstritten). Die Substanz ist in Form weiß-gelblicher Kristalle oder steinartiger Bröckchen (»rocks«) auf dem Markt. Crack wird üblicherweise in kleinen, speziell angefertigten Glaspfeifen geraucht. Durch die Hitze zerspringen die Kristalle beim Verdampfen und erzeugen dabei das typische knackende Geräusch (»to crack«), das namensgebend war. Durch den relativ niedrigen Schmelzpunkt bei ca. 93°C verdampft das Crack als Kokainbase, die über die Lunge rasch ins Gehirn gelangt und dort ein intensives Rauscherlebnis auslöst (s. o.).

Schwarzes Kokain (»Coca Negra«)

Das sog. schwarze Kokain ist eine für den Schmuggel getarnte »Transportform«, die nicht zum Konsum geeignet ist. Das Kokain wird am Ausgangsort mit verschiedenen Chemikalien versetzt, u. a. beispielsweise mit Eisen- und Kobaltchlorid. Dadurch ändert es sein Aussehen, seine chemischen Eigenschaften und seinen Geruch. Es kann so in harmlos wirkender Form (z. B. als Make-up oder als Kunstdünger) transportiert werden. Es ist mit den gängigen chemischen Tests nicht mehr nachweisbar und die Spürhunde der Drogenfahndung können es nicht mehr erkennen. Am Zielort kann das Kokain dann mittels organischer Lösungsmittel extrahiert werden.

Reinheitsgrad

Kokain hat auf dem europäischen Schwarzmarkt einen relativ hohen Reinheitsgrad, der laut Angaben der EMCDDA im Jahre 2011 zwischen minimal 22 % (Bulgarien) und maximal 62 % (Griechenland) lag. Regelmäßige Bestimmungen über mehrere Jahre zeigten dabei relativ geringe Schwankungen (EMCDDA 2013).

Da Kokain bei jeder erneuten Portionierung gestreckt werden kann, liegt sein Reinheitsgrad in der Regel umso höher, je größer die Portion ist. So liegt der Reinheitsgrad im Kilogrammbereich zwischen 80 % und 90 %, im Grammbereich hingegen bei 33 %–50 % (Europäischer Drogenbericht 2015).

Für Deutschland waren im Jahre 2011 die Zahlen wie folgt: Über 2.900 Kokainproben wurden getestet. Der Reinheitsgrad dieser Proben zusammengenommen lag bei ca. 70 %. Auf der Ebene des Straßenhandels, also direkt beim »Verbraucher«, betrug der Reinheitsgrad immerhin noch etwa 38 % (IFT 2012).

Als Zusatzstoffe wurden entdeckt: Tetramisol bzw. dessen linksdrehendes Isomer Levamisol, Phenacetin, Lidocain und als Streckmittel überwiegend Laktose (IFT 2012). Laktose (Milchzucker) ist das weltweit gebräuchlichste Streckmittel für Kokain, weil es optisch ähnlich, billig, in großen Mengen leicht verfügbar und unschädlich ist.

Als gefährlich gilt hingegen das Levamisol. Die kanadische Behörde warnte 2010 vor dessen Nebenwirkungen (Durchfall, Erbrechen, Erregungszustände, Anämie, Gefäßentzündungen mit Absterben von Hautarealen, pulmonale Hypertonie). Das in der Veterinärmedizin als Entwurmungsmittel eingesetzte Levamisol wird weltweit immer häufiger in Kokainproben festgestellt. Es besteht daher der Verdacht, dass es dem Kokain bereits am Ursprungsort zusetzt wird (Canadian Harm Reduction 2010). Weitere sog. Adulterans (Streckmittel), die im Straßenkokain gefunden werden können, sind Phenacetin, Hydroxyzin, Diltiazem und Koffein (Brunt et al. 2009).

3.3 Konsumweisen

Kokain kann auf oralem Weg in vielerlei Weise konsumiert werden. Die klassische Konsumform des Kauens von Kokablättern ist nur in den Anbauländern populär, da die Blätter frisch geerntet sein müssen, um die gewünschte Wirkung zu entfalten. Lange Transportwege hingegen machen die Blätter unattraktiv.

Eine andere Form des oralen Konsums ist der Koka-Tee, der »Mate de Coca«. Auch seine Verwendung, die in manchen Andenländern vollkommen legal ist, beschränkt sich auf die Anbauregionen. Der Tee ist dort im Supermarkt erhältlich und erfreut sich bei den Einheimischen großer Beliebtheit. Ihm wird u. a. eine heilsame Wirkung bei Verdauungsbeschwerden nachgesagt. Sein Abhängigkeitspotential ist nicht viel größer als das von Kaffee oder Schwarztee. Da er jedoch nachweislich Kokain enthält, ist seine Einfuhr in Deutschland, Österreich und der Schweiz verboten.

Beim oralen Konsum gelangt wenig Kokain relativ langsam in das Gehirn. Daher ist diese Konsumweise ungeeignet, einen intensiven Kokainrausch zu erzeugen. Dies gelingt wesentlich besser durch Schnupfen (intranasal), Inhalieren oder intravenöse Injektion.

Der intranasale Konsum, die Zuführung von Kokainhydrochlorid über die Nase durch Schnupfen (»koksen«, »ziehen einer Linie«), ist die verbreitetste Weise des Konsums. Dabei gelangen etwa 20–50 mg Kokain über Nasenlöcher, Nasenschleimhaut und Blutstrom in das Gehirn. Kokainhydrochlorid kann auch über andere Schleimhäute (z. B. über die Mundschleimhaut) eingerieben werden, jedoch ist diese Konsumweise eher selten.

Beim intravenösen Konsum wird Kokain direkt in die Blutbahn injiziert. Auch hierfür ist die Hydrochloridform aufgrund ihrer Wasserlöslichkeit am besten geeignet. Durch die Injektion wird die Intensität des Kokaineffekts gegenüber dem Schnupfen deutlich erhöht.

Ähnlich verhält es sich bei der Aufnahme des Kokains über die Lunge. Beim Rauchen, d. h. dem Einatmen des verdampfenden Kokains, gelangt die Substanz über die Lungenschleimhaut via Blutbahn ins Gehirn. Der Effekt ist ähnlich intensiv wie beim intravenösen Konsum. Der nahezu augenblicklich eintretende euphorische Effekt (»kick«) ist ein Grund dafür, warum z. B. »Crack« unter Drogenabhängigen dermaßen populär werden konnte.

Tab. 3.1: Pharmakokinetik von Kokain in Abhängigkeit vom Applikationsweg

Applikationsweg	Beginn der Wirkung	Höhepunkt der Wirkung	Dauer
Rauchen	5 sec	1-3 min	5-15 min
Intravenös	10-60 sec	3-5 min	20-60 min
Nasal	1-5 min	10-20 min	60-90 min
Gastrointestinal	bis zu 20 min	bis zu 90 min	Bis zu 180 min

Merke
Kokain kann oral, nasal, durch Inhalation oder intravenös konsumiert werden. Je schneller die Substanz in das Gehirn gelangt, desto intensiver wird der Rausch (»kick«) erlebt, desto größer ist aber auch die Gefahr, dass eine Abhängigkeit ent-

steht. Am intensivsten wirkt Kokain, wenn es geraucht wird. Dies kann in Form von Kokainbase (»freebase«) oder als Kokain-Hydrogencarbonat (»Crack«) erfolgen. Die in Europa gebräuchlichste Konsumform ist jedoch das Kokain-Hydrochlorid. Das weiße Pulver ist wasserlöslich und kann deshalb gut über die Schleimhäute aufgenommen werden. Am häufigsten wird es geschnupft.

4

Pharmakologie und Neurobiologie

4.1 Pharmakologie

Kokain ist ein natürlich vorkommendes Alkaloid, das in den Blättern der südamerikanischen Kokasträucher (Erythroxylon coca) enthalten ist. Die Attraktivität der Substanz rührt von ihrer psychotropen Wirkung her, die sie im Gehirn entfaltet. Um dorthin zu gelangen, muss das Kokain vom Körper aufgenommen (Resorption), über die Blutbahn transportiert (Verteilung) und durch die Blut-Hirn-Schranke in das zentrale Nervensystem (Wirkort) gelangen. Dort, aber auch in der Peripherie (z. B. am Herzen), entfaltet die Substanz ihre pharmakologischen Effekte (Wirkung, Nebenwirkung, toxische Wirkung). Danach wird das Kokain in der

Leber und durch im Serum vorkommende Enzyme (Cholinesterasen) abgebaut (Metabolismus) und ausgeschieden.
Kokain kann auf vielerlei Wegen vom Körper aufgenommen, d. h. absorbiert werden. Dies kann über die Schleimhäute des Mund-Magen-Darm-Trakts oder der Nase geschehen, die Absorption kann aber auch inhalativ über die Lunge oder durch Injektion direkt über den Blutkreislauf erfolgen. Im zuletzt genannten Fall, der intravenösen Applikation, gelangt die gesamte Menge des zugeführten Kokains in den systemischen Kreislauf. Definitionsgemäß spricht man hier von einer Bioverfügbarkeit von 100 %. Sie sinkt, wenn das Kokain auf anderem Wege eingenommen wird. So liegt die Bioverfügbarkeit durch Kauen von Kokablättern bei ca. 25 %, bei oraler Zufuhr von Kokainhydrochlorid bei ca. 35 %, bei nasaler Zufuhr bei 60–80 % und beim Rauchen von Crack oder freier Base bei 10–30 % (Cook 1991).

Metabolismus

Je nach konsumierter Menge liegt die Plasma-Halbwertszeit des Kokains zwischen 0,8 und 1,5 Stunden. Ein geringer Anteil des Kokains wird unverändert über die Niere ausgeschieden, der weitaus größere Teil wird jedoch verstoffwechselt. Dies geschieht beim Menschen über drei nennenswerte Wege: Kokain wird überwiegend (zu 30–50 %) durch das Enzym »Pseudocholinesterase« (Butyrylcholinesterase, BuChE) abgebaut. Es kommt in verschiedenen Geweben vor, vor allem in der Leber und im Blutplasma. Beim Abbau von Kokain durch die Pseudocholinesterase entsteht der Metabolit Ekgoninmethylester.

Der zweite bedeutsame Abbau des Kokains erfolgt (zu 30–40 %) in der Leber durch das Enzym »Carboxylesterase«. Dabei entsteht der Metabolit Benzoylekgonin.

Der geringste Teil des Kokains wird über einen dritten Stoffwechselweg abgebaut, durch die sog. Cytochrome P450. Dabei handelt es sich um eine Vielfalt von Enzymen, die überwiegend in den Leberzellen vorkommen (im sog. endoplasmatischen Retikulum) und deren Hauptaufgabe darin besteht, bei der Biotransformation von Substanzen (z. B. von Kokain) den Einbau von Sauerstoff (O_2) zu katalysieren (Oxidation). Beim Abbau von Kokain durch die Cytochrom-P450-Enzyme entsteht der Metabolit Norkokain.

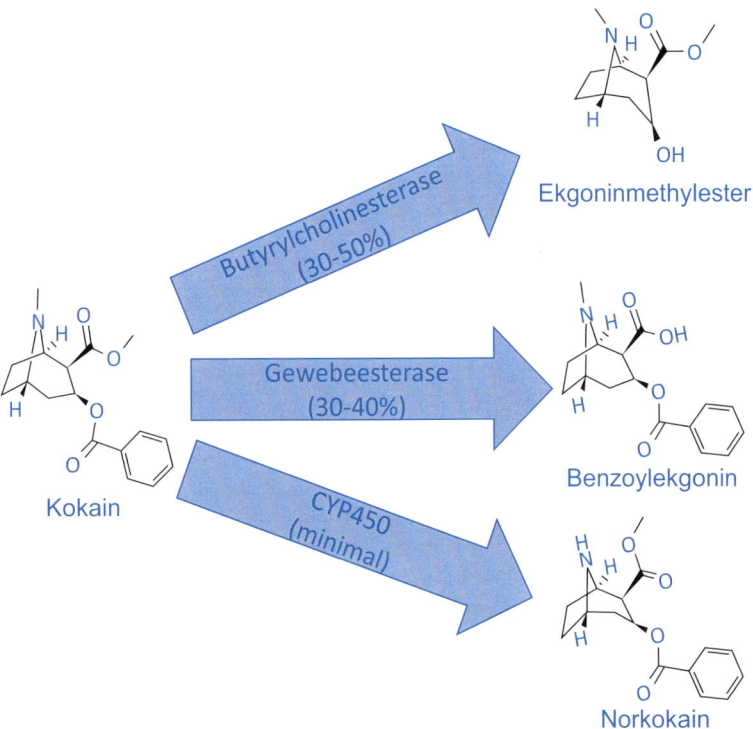

Abb. 4.1: Abbauwege des Kokains. Der Abbau von Kokain in der Leber erfolgt primär über das Enzym Butyrylcholinesterase zu Ekgoninmethylester oder über Gewebeesterasen und durch spontane Umwandlung zu Benzoylekgonin. Nur ein geringer Teil des Kokains wird durch die Cytochrome P450 (CYP450) zu Norkokain metabolisiert (nach Schindler und Goldberg 2012)

Von den drei genannten Abbauprodukten sind Benzoylekgonin und Ekgoninmethylester die beiden quantitativ Wichtigsten. Diese beiden Metabolite sind selbst nicht pharmakologisch aktiv. Anders verhält es sich beim Norkokain, das selbst eine kokainähnliche Wirkung entfaltet. Alle drei Metabolite werden zum Teil weiter verstoffwechselt und über die Niere ausgeschieden (Schindler und Goldberg 2012).

Das Benzoylekgonin ist von besonderem Interesse, da es eine deutlich längere Halbwertszeit als Kokain hat und sich im Urin zuverlässig bestimmen lässt. Dieser Metabolit ist daher besser als das Kokain selbst dafür geeignet, den Konsum auch nach einem längeren Zeitraum mittels Urinanalysen nachzuweisen. Darüber hinaus hat Benzoylekgonin eine gewisse publizistische Bekanntheit dadurch erlangt, dass es im Wasser von Flüssen und Kläranlagen nachgewiesen wurde und dadurch Vergleichsmöglichkeiten und Rückschlüsse auf das Kokainkonsumverhalten von Städten und Regionen zulässt (Ort et al. 2014).

Erwähnenswert ist in diesem Zusammenhang auch der Metabolit »Cocaethylen«. Dieser entsteht, wenn Kokain zusammen mit Alkohol konsumiert wird, was relativ häufig vorkommt, da sich die Wirkungen von Alkohol (enthemmend, sedierend) und Kokain (anregend) gut komplementieren.

Cocaethylen

Cocaethylen ist ein Stoffwechselprodukt, das beim Abbau von Kokain in der Leber nur dann entsteht, wenn gleichzeitig Alkohol metabolisiert wird. In diesem Fall werden ca. 17 % des Kokains in Cocaethylen umgewandelt (Harris et al. 2003). Die Substanz ist u. a. deswegen von Interesse, weil sie nicht nur strukturchemisch dem Kokain ähnelt, sondern selbst psychoaktiv ist und vergleichbare Reaktionen hervorruft. Wie Kokain, so wirkt auch Cocaethylen sympathomimetisch, euphorisierend, den Antrieb steigernd, den Appetit mindernd und lokal anästhesierend. Im Gegensatz zu Kokain hat Cocaethylen jedoch eine längere Wirkungsdauer und eine höhere Affinität zum Dopamin-Transporter. Dies würde die klinische Beobachtung unterstützen, wonach der gleichzeitige Konsum von Alkohol zu einer stärkeren und längeren Kokainwirkung führt. Darüber hinaus scheint Cocaethylen deutlich toxischer als Kokain zu sein (Andrews 1997).

Letale Dosis

Die zum Tode führende Mindestdosis lässt sich beim Menschen nur schätzen. Sie soll bei Kokain-Erstkonsumenten etwa 1,2 g betragen, bei besonders empfindlichen Individuen jedoch auch deutlich tiefer liegen können (www.emcdda.europa.eu/publications/drug-profiles/cocaine). Chronische Kokainkonsumenten hingegen könnten infolge von Toleranzerwerb bis zu 5 g Kokain überleben. Experimentelle Untersuchungen zu diesem Thema wurden mit Mäusen durchgeführt. Dort lag die letale Dosis, d. h. die Menge an oral zugeführtem Kokain, bei der 50 % der Tiere verstarben (LD_{50}), bei 96 mg Kokain/kg Körpergewicht (https://www.drugbank.ca/drugs/DB00907).

Merke

Kokain wird in der Leber verstoffwechselt und über die Nieren ausgeschieden. In der Leber existieren drei hauptsächliche Abbauwege, dabei entstehen folgende Kokain-Metaboliten: Ekgoninmethylester, Benzoylekgonin und Norkokain. Die beiden erstgenannten Metaboliten sind pharmakologisch inaktiv, Norkokain hingegen verfügt selbst über eine psychotrope Wirkung. Benzoylekgonin lässt sich im Urin, aber auch z. B. im Abwasser von Kläranlagen, zuverlässig und deutlich länger als Kokain nachweisen. Es wird daher in der chemischen Analyse zur Objektivierung und Quantifizierung des Kokainkonsums verwendet. Wenn Kokain zusammen mit Alkohol konsumiert wird, entsteht als zusätzliches Abbauprodukt das Cocaethylen. Dieser Metabolit hat selbst eine kokainähnliche Wirkung. Er wirkt

> länger als Kokain und hat eine höhere Affinität zum Dopaminrezeptor.

4.2 Neurobiologie

Die Wirkungen, die Kokain auf das Gehirn ausübt, sind komplex und erst teilweise aufgeklärt. Kokain verändert u. a. die Informationsübertragung an den Synapsen der Nervenzellen. In erster Linie geschieht dies dadurch, dass Kokain mit den membranständigen Transportern für Dopamin, Serotonin und Noradrenalin interagiert und dadurch die Rückaufnahme dieser Neurotransmitter in die Synapse blockiert. Bei der Vermittlung der Kokaineffekte auf das Gehirn und bei der Entstehung einer Kokainabhängigkeit kommt vor allem dem Dopamin eine entscheidende Bedeutung zu.

Dopamin

Dopamin ist einer der wichtigsten Neurotransmitter des Gehirns. Als »Botenstoff« überträgt es die Information von einer Nervenzelle auf die nachfolgende. Dies geschieht auf folgende Weise: Ein ankommender elektrischer Impuls kann von einer Nervenzelle auf die andere nicht unmittelbar weitergeleitet werden, da Neurone nicht direkt miteinander verbunden sind. Sie sind durch einen winzigen interzellularen Zwischenraum, den sog.»synaptischen Spalt«, voneinander getrennt. Für die Weiterleitung der elektrischen Information stellt dieser Spalt ein unüberwindbares Hindernis dar. Neurotransmitter wie Dopamin können den Spalt jedoch überbrücken und so die ankommende elektrische Information auf chemischem Weg an die nachfolgende Nervenzelle weitergeben.

Dazu wird Dopamin in den Nervenendigungen dopaminerger Neurone bereitgehalten. Es wird in kleinen »Bläschen«, den sog »Vesikeln« gespeichert, die beim Eintreffen eines elektrischen Impulses mit der Zellmembran verschmelzen und dabei das Dopamin in den synaptischen Spalt ausschütten. Dopamin diffundiert dann über diesen ca. 2×10^{-6} Millimeter dünnen Spalt hinweg zur nachfolgenden Nervenzelle und verbindet sich dort nach dem Schlüssel-Schloss-Prinzip mit einer spezifischen, d. h. nur für das Dopamin passenden Bindungsstelle, dem sog. »Dopamin-Rezeptor«. Bis heute konnten fünf verschiedene Unterformen des Dopamin-Rezeptors (D1–D5) identifiziert werden. Sie alle sind in der Zellmembran der Neuronen lokalisiert und vermitteln ihre Information in die Zelle hinein über sog. Second Messenger-Proteine. Sobald sich Dopamin mit einem Dopamin-Rezeptor der nachfolgenden Nervenzelle verbunden hat, ist die Information erfolgreich weitergegeben.

Nach dieser chemischen Informationsübertragung von einer Nervenzelle auf die nachfolgende wird das Dopamin nicht abgebaut, sondern »recycelt«. Diese Wiederverwertung erfolgt, indem der Neurotransmitter in seine präsynaptische Ursprungsnervenzelle zurücktransportiert wird und dann dort zum erneuten Gebrauch zur Verfügung steht. Dieser Rücktransport ist ein aktiver Vorgang. Er wird von einem darauf spezialisierten, in der Zellmembran lokalisierten Protein ausgeführt, dem sog. »Dopamintransporter«.

Die Wirkung von Kokain auf den Dopamintransporter

Kokain entfaltet seine Wirkung im Gehirn, indem es aktiv in den oben geschilderten Ablauf der Informationsübertragung zwischen Nervenzellen eingreift. Es hemmt die Funktion des Dopamintransporters (»reuptake inhibitor«) und erhöht so die Verfügbarkeit von Dopamin im synaptischen Spalt. Kokain bewirkt dadurch eine Verstärkung der Dopaminfunktion.

Kokain hemmt in geringerer Weise auch die Rücktransporter anderer Neurotransmitter, vor allem des Serotonins und des

Noradrenalins. Für die Entstehung einer Abhängigkeit und für die typischen Verhaltensänderungen wird jedoch in erster Linie die Wirkung des Kokains auf das dopaminerge Belohnungs- bzw. Verstärkungssystem verantwortlich gemacht.

Kokain und das Gehirn

Das dopaminerge Belohnungs- bzw. Verstärkungssystem

Wie alle Substanzen, die eine Abhängigkeit hervorrufen können, entfaltet auch Kokain seine suchterzeugende Wirkung im Gehirn. James Olds und Peter Milner (1954) entdeckten die dafür entscheidenden neuronalen Strukturen, das sog. Belohnungs- oder zutreffender Verstärkungssystem.

Olds und Milner untersuchten an Ratten die neurophysiologischen Mechanismen von Belohnung (»reward«). Dazu pflanzten sie mit mikrochirurgischen Methoden Elektroden in verschiedene Gehirnareale ihrer Labortiere. Wenn die Ratten aus der Narkose erwachten, befanden sie sich in einer Art Skinner-Box mit Taste. Drückten sie diese Taste, floss ein elektrischer Strom über die eingepflanzte Elektrode und das zu untersuchende Hirnareal wurde stimuliert. Die Tiere konnten selbst entscheiden, ob sie die Taste drücken oder nicht. Gemessen wurde das »freiwillige Selbstreizverhalten«, d.h. die Anzahl der Tastendrücke pro Zeiteinheit in Abhängigkeit von dem jeweiligen Hirnareal.

Auf diesem Wege identifizierten die beiden Forscher Gehirnregionen, die zu stimulieren von den Tieren strikt vermieden wurden. Sie entdeckten aber auch Areale, über deren elektrische Stimulation ein maximales Selbstreizverhalten ausgelöst werden konnte. Sie berichteten beispielsweise von einem Versuchstier, das die Taste 1920 mal pro Stunde drückte, d.h. etwa alle zwei Sekunden eine Selbststimulation!

Das Areal, dessen elektrische Stimulation maximales freiwilliges Selbstreizverhalten auslöste, befand sich in der »area septalis«, der Septumregion. Dies ist eine Gehirnstruktur, die zum sog. limbischen System gerechnet wird, welches u. a. für die Entstehung und Regulation von Emotionen verantwortlich ist. Über die Aktivierung dieser Strukturen kann das Gehirn bestimmte Verhaltensweisen »belohnen« und damit ihre Auftretenswahrscheinlichkeit erhöhen. Olds und Milner (1954) gelten seither als die Entdecker des gehirneigenen »Belohnungssystems«.

Dieses System umfasst verschiedene Strukturen des Gehirns, deren zusammenwirkende Funktion darin besteht, Verhalten zu regulieren. Dies geschieht, indem nützliches Verhalten durch angenehme Effekte »belohnt« wird. Man vermutet, dass dadurch in der Evolution Verhaltensweisen verstärkt werden sollten, die primär der Arterhaltung dienen, wie z. B. Ernährung, Fortpflanzung und elterliches Fürsorgeverhalten. Da dieses System aber auch bei der Reaktion auf unangenehme Reize beteiligt ist, also nicht nur mit belohnenden, sondern auch mit negativen Effekten arbeitet, wird heute zutreffender vom »Verstärkungssystem« gesprochen.

Nach heutigem Wissensstand umfasst dieses System im Wesentlichen folgende Gehirnstrukturen: die »Area tegmentalis ventralis«, den Nucleus accumbens und Teile des präfrontalen Kortex. Gemeinsam ist diesen Strukturen, dass sie ihre Effekte durch den Neurotransmitter »Dopamin« vermitteln und dass Kokain seine verhaltensändernden, suchterzeugenden Wirkungen dort entfaltet.

Robinson und Berridge konnten zeigen, dass die Ausschaltung dieses dopaminergen Systems bei Versuchstieren zu einem Verlust der Motivation, nicht aber zu einem Verlust der Genussreaktion führte. Sie konnten auf neurophysiologischer Ebene die wichtige Unterscheidung zwischen »Wollen (wanting)« und »Mögen (liking)« nachweisen und zeigen, dass das dopaminerge Verstärkungssystem Einfluss auf das Verhalten nimmt, indem es das Verhalten über das Wollen moduliert, also über die Motivation. Hingegen wird das Mögen, das Genusserleben, die hedonistische Folge eines Verhaltens, über andere Neurotransmittersysteme vermittelt (Robinson und Berridge 2008).

Aus den Versuchen von Robinson und Berridge ging das Konzept der »incentive salience« hervor. Darunter wird eine Wahrnehmung verstanden, die dadurch hervorsticht (»salience« = hervorspringen), dass ihr ein besonderer Anreiz (»incentive«) innewohnt. Und genau dies scheint nach heutigem Kenntnisstand die Hauptaufgabe des dopaminergen Verstärkungssystems zu sein. Es sorgt dafür, dass (je nach subjektiver Ausgangsbefindlichkeit des betreffenden Individuums) bestimmten Wahrnehmungsreizen eine subjektiv hervorstechende, zur Aktionsbereitschaft führende Bedeutung zugeordnet wird. Es sorgt für die Umwandlung eines Wahrnehmungsreizes in Handlungsmotivation. Das Verstärkungssystem fördert insbesondere die Hinwendung der Aufmerksamkeit auf Reize, die als neu und interessant eingestuft werden. Verstärkt werden dabei aber nicht nur primär arterhaltende Verhaltensweisen (Ernährung, Sexualität, elterliches Fürsorgeverhalten), sondern Lernvorgänge generell. Dem Neurotransmitter Dopamin kommt dabei eine entscheidende Bedeutung zu.

Im Gehirn verlaufen vier dopaminerge Nervenbahnen: die mesolimbische, die mesokortikale, die nigrostriatale und die tuberoinfundibuläre. Sie alle haben ihren Ursprung im Mittelhirn, werden verschiedenen Funktionskreisen zugeordnet, arbeiten aber in vielfältiger Weise zusammen und beeinflussen sich gegenseitig. Im Zusammenhang mit Kokain und seiner Wirkung auf das Verhalten sind vor allem die mesolimbische und die mesokortikale Nervenbahn von Bedeutung.

Die mesolimbische Bahn nimmt ihren Ursprung in der »Area tegmentalis ventralis« des Mittelhirns, in der sog. Area 10. Sie zieht von dort u. a. zum Nucleus accumbens im basalen Vorderhirn, einem der wichtigsten Kerngebiete des Verstärkungssystems. Der Nucleus accumbens ist Teil der sog. Basalganglien, einer zentralen Schaltstelle für die Umsetzung motorischer Impulse. Dem gemäß wird der Nucleus accumbens häufig als eine »Relaisstelle« für die Verwandlung von »Emotion in Lokomotion« bezeichnet. Hier vollzieht sich unter der modulierenden Regie von Dopamin die Übersetzung vom Wollen ins Handeln, die Verwandlung von »Motivation in Aktion«.

4.2 Neurobiologie

Die mesokortikale Bahn entspringt ebenfalls der Area tegmentalis ventralis, zieht aber von dort zum präfrontalen Kortex, dem vordersten Teil des Stirnhirns (Frontallappen). Der präfrontale Kortex ist eine der jüngsten Strukturen in der Evolution des menschlichen Gehirns. Er hat eine wichtige Funktion für das Kurzzeitgedächtnis und für planerisches Denken. Vor allem aber werden hier hohe Sozialleistungen, ethische Grundwerte und die Integration von Persönlichkeitsmerkmalen lokalisiert. Dies gelingt nur, wenn spontane Trieb- und Handlungsimpulse nicht unkontrolliert ausgelebt, sondern in sozial verträglicher Weise »domestiziert« werden. Dem Dopamin kommt auch dabei eine entscheidende Funktion zu. Bei einer dopaminergen Überstimulation des präfrontalen Kortex kann es zu Wahnvorstellungen und Halluzinationen kommen, aus einer dopaminergen Unterstimulation können impulsives und unkontrolliertes Handeln resultieren.

Im Tierversuch konnte gezeigt werden, dass bereits die einmalige Verabreichung von Kokain zu sichtbaren Veränderungen der Nervenzellen im präfrontalen Kortex führt (Munoz-Cuevas et al. 2013). Bereits nach der ersten Kokainerfahrung bilden sich dort neue Dornfortsätze, d. h. pilzförmige Ausstülpungen mit Synapsen. Solche Dornfortsätze sind veränderbare Strukturen, deren Zu- oder Abnahme von der synaptischen Aktivität ihrer Nervenzelle abhängt. Sie werden als Ausdruck der dynamischen Anpassungsfähigkeit des Gehirns, der »synaptischen Plastizität«, gewertet und gelten als morphologische Korrelate der »Lernwirkung«. Die Tiere veränderten bereits nach der ersten Kokainerfahrung ihr Verhalten (Raumpräferenz) und bildeten als neuronales Korrelat neue Dornfortsätze im Frontalhirn (Munoz-Cuevas et al. 2013).

Die aus der Tiefe des limbischen Systems aufsteigenden Emotionen werden also über die mesolimbische Bahn zum Nucleus accumbens in Handlung umgesetzt und über die mesokortikale Bahn zum präfrontalen Kortex so kontrolliert, dass diese Umsetzung unseren ethischen und sozialen Werten genügt. Beide Bahnen stehen unter der modulierenden Regie des Dopamins.

Hier entfaltet Kokain seine Wirkung. Indem es den Dopamintransporter blockiert und damit die Entfernung von Dopamin aus dem synaptischen Spalt inhibiert, führt Kokain zu einer Erhöhung des Dopaminangebots bei der Übertragung von Impulsen zwischen den Nervenzellen des gehirneigenen Belohnungs- bzw. Verstärkungssystems.

> **Merke**
> Wie alle Substanzen mit Abhängigkeitspotential entfaltet auch Kokain seine verhaltensverändernde Wirkung im Gehirn. Es erhöht das Dopaminangebot an den Synapsen des sog. Belohnungs- bzw. Verstärkungssystems. Dessen im Mittelhirn gelegene Strukturen haben die Aufgabe, arterhaltendes Verhalten (z B. Ernährung, Fortpflanzung, elterliches Fürsorgeverhalten) positiv zu verstärken. Hier befindet sich die Schnittstelle zwischen Emotion und Lokomotion, hier wird das Wollen in Motivation und zielgerichtetes Handeln umgesetzt. Über Verbindungen zum präfrontalen Kortex unterliegt diese Umsetzung der Kontrolle nach ethischen und sozialen Werten. In diesem im Laufe der Evolution entstandenen System ist eine pharmakologische Manipulation durch Kokain nicht vorgesehen. Kokain führt daher zu einer massiven »Auslenkung« dieses Systems, die sowohl positiv (Rausch, Euphorie) als auch negativ (Entzug, Kokaincraving) erlebt werden kann.

5
Substanzwirkungen

5.1 Körperliche und psychische Wirkungen

Allgemeines

Der Konsum von Kokain hat sowohl körperliche als auch psychische Auswirkungen. Beide hängen erheblich davon ab, in welcher Menge und auf welchem Wege die Substanz konsumiert wird und ob es sich dabei um die körperlichen/psychischen Sofortwirkungen nach sporadischem Gebrauch oder um die schädlichen Folgewirkungen nach chronischem Konsum handelt. Die letztgenannten sollen in einem eigenen Kapitel behandelt werden (▶ Kap. 5.2 Gesundheitliche Folgen des Kokainkonsums).

Heilwirkungen

In der südamerikanischen Volksmedizin genießen die vielfältigen Heilwirkungen der Kokapflanze bis heute eine hohe Wertschätzung. Koka wird dort in verschiedenen Zubereitungen – häufig auch in Kombination mit anderen Heilpflanzen – als Stärkungsmittel gegen körperliche und seelische Schwächezustände sowie als Heilmittel gegen zahlreiche Alltagsbeschwerden (Erkältungen, depressive Verstimmungen, Schmerzen aller Art usw.) eingesetzt. Insbesondere Verdauungsstörungen werden von der indianischen Volksmedizin seit Jahrhunderten mit Zubereitungen aus der Kokapflanze behandelt und eine alkalische Extraktionsform von Kokablättern soll besonders gut gegen die in den Andenländern weit verbreitete »Höhenkrankheit« helfen (»Anden-Aspirin«). Auch wenn es dafür keine wissenschaftlichen Belege gibt, so ist eine traditionsbasierte Plausibilität dafür nicht von der Hand zu weisen. Als indirekter Hinweis auf eine Selbstmedikationshypothese könnte in diesem Zusammenhang eine amerikanische Untersuchung zitiert werden, die einen signifikanten Zusammenhang zwischen Kokainkonsum und Höhe des Wohnorts herausfand: Je höher die Lage des Wohnorts (und die damit einhergehende Verringerung des Sauerstoffpartialdrucks der Atemluft), desto größer war auch der Kokainkonsum in dieser Region (▶ Kap. 6 Höhe des Wohnorts).

Die lokalanästhetische Wirkung

Auf die historisch-medizinische Bedeutung des Kokains als erstes Lokalanästhetikum (Entdeckung durch Alfred Niemann in Göttingen 1859) wurde bereits hingewiesen (▶ Kap. 1.1 Geschichte und Herkunft). Dank dieser somatischen Wirkung, der lokalen Hemmung der Reizleitung in peripheren Nerven, wurde im 19. Jahrhundert erstmals die schmerzfreie Operation am Auge möglich (Carl Koller, Wien 1884). Heutzutage wird Kokain in der Augenheilkunde nur noch ausnahmsweise verwendet. Als 5 %ige Lösung lokal angewendet, bewirkt sie Schmerzfreiheit bei gleichzeitiger Weitstellung der Pupille.

Da Kokain nicht nur die Weiterleitung des Schmerzes hemmt, sondern auch eine Verengung der Blutgefäße (Vasokonstriktion) bewirkt, wird das Einbluten ins Operationsgebiet verhindert. Kokain galt daher lange Zeit als ideales Anästhetikum, wenn es um die lokale Schmerzhemmung bei gleichzeitiger Blutstillung ging. Wegen seines hohen Abhängigkeitspotentials wurde jedoch mehr und mehr darauf verzichtet. Rechtlich wäre die Anwendung zur Lokalanästhesie auch heutzutage noch möglich, doch wurden mittlerweile – ausgehend vom Kokain – andere Substanzen (z. B. Lidocain, Articain, Mapivacain, Prilocain, Bupivacain u. a.) dafür entwickelt. Diese »Abkömmlinge« des Kokains sind in zahlreichen, zum Teil auch rezeptfreien Medikamenten enthalten (z. B. in Lutschtabletten gegen Halsschmerzen, in Salben gegen Sonnenbrand oder Hämorrhoiden). Da sie keine euphorisierende, abhängigkeitserzeugende Wirkung besitzen, besteht keine Gefahr von Missbrauch.

> **Merke**
> In der südamerikanischen Volksmedizin ist die Heilwirkung der Kokapflanze seit Jahrhunderten bekannt. Medizinhistorisch bedeutsam ist die Anwendung von Kokain als Lokalanästhetikum. Dadurch wurde erstmals schmerzfreies Operieren bei geringer Einblutungsgefahr ins Wundgebiet (z. B. am Auge) möglich. Zwar zählt Kokain auch heute noch zu den »verschreibungsfähigen Betäubungsmitteln«, wegen seines hohen Abhängigkeitspotentials und besserer Alternativen wird es in der modernen Medizin jedoch kaum mehr verwendet.

Die akuten psychischen Wirkungen

Set und Setting

Für die Wirkung aller psychoaktiven Substanzen sind »Set«- und »Setting«-Variablen mitentscheidend. Das gilt auch für das Kokain. So resultiert seine psychische Wirkung nicht bloß aus Dosis und Applikationsweg, sondern sie wird erheblich mit beeinflusst durch die emotionale Ausgangsbefindlichkeit (»Set«) des Konsumenten und durch Umgebungsvariablen (»Setting«). Die gleiche Dosis an Kokain kann deshalb beim gleichen Konsumenten höchst unterschiedliche Wirkungen hervorrufen, je nachdem, ob er sich in einem aggressiven, gestressten, entspannten oder sexuell erregten Ausgangszustand befindet (»Set«), je nachdem auch, ob das Kokain in einer angenehmen, ruhigen oder einer hektischen, lauten Umgebung konsumiert wird (»Setting«).

Eine besondere »Set-Variable« ist die individuelle Erwartungshaltung (»drug effect expectancy«). Darunter versteht man den Glauben des Konsumenten an bestimmte Wirkungen der Droge. Diese Erwartungen beruhen teilweise auf früheren Konsumerfahrungen, sind also individuell und erinnerungsbedingt, teilweise rühren sie aber auch vom allgemeinen Image einer Substanz her, sind also generell und kolportiert (Beispiel: Kokain als »sex drug«). So oder so beeinflussen sie die subjektive Wahrnehmung der Drogenwirkung. Zusammen mit anderen Set- und Setting-Variablen können sie einen Kokainrausch ganz erheblich modifizieren.

Rausch oder Intoxikation?

Kokain entfaltet seine psychotrope Wirkung im Gehirn. Wie rasch es dort hingelangt und in welcher Menge, hängt u. a. von der Konsumform (▶ Kap. 3.2) und der Konsumweise (▶ Kap. 3.3) ab und beeinflusst wesentlich die Qualität des Rauschs.

Beim Rausch handelt es sich um die Reaktion des Organismus auf die Einnahme einer psychoaktiven Substanz (»Rauschmittel«).

5.1 Körperliche und psychische Wirkungen

Das Suchtlexikon von Stimmer definiert ihn als einen Zustand, »der von starken Veränderungen von Erleben und Gefühlen gekennzeichnet ist. Er kann sehr ambivalent erlebt werden: Symptome dafür sind Dämmerzustand, Angst, Unruhe, Wut, Delir und Halluzinationen, aber auch euphorische Stimmung bzw. Glücksgefühle wie Freudenrausch oder Siegesrausch.« (Stimmer, 2000)

Die Internationale Klassifikation psychischer Störungen (ICD-10) beschreibt den Rausch als »akute Intoxikation« folgendermaßen: »Ein vorübergehendes Zustandsbild nach Aufnahme von Substanzen [...] mit Störungen oder Veränderungen der körperlichen, psychischen oder Verhaltensfunktionen und -reaktionen« (Dilling et al. 2001).

Einige Suchtexperten differenzieren jedoch zwischen Rausch und Intoxikation. So weist Täschner darauf hin, dass es hier einen Unterschied gibt: »Der Rausch beruht in der Regel auf einer Intoxikation [...]. Indessen führt nicht jede Intoxikation auch zu einem Rausch. Besonders massive Intoxikationen überspringen im Verlauf das Rauschstadium und führen so schnell zum vorherrschenden Bild der Bewusstseinstrübung, dass es zur Ausbildung rauschhafter Erlebnisveränderungen gar nicht kommen kann. Die Übergänge zwischen beiden Erscheinungen sind fließend. Es wäre die korrekteste Lösung, wenn man bei jeder Mittelwirkung von einer Intoxikation spräche und nur dort auch zusätzlich von einem Rausch, wo entsprechende Erlebnis- und Wahrnehmungsveränderungen bei den Intoxizierten vorliegen« (Täschner und Richtberg 1988).

Charakteristisches Wesensmerkmal eines jeden Rauschs ist die Veränderung des Bewusstseins. Dieses kann getrübt sein, oder – wie typischerweise nach dem Konsum von Kokain – durch eine besondere subjektive »Helligkeit« imponieren.

Der phasenhafte Verlauf des Kokainrauschs

Der »typische« Kokainrausch verläuft in mehreren Phasen. Unmittelbar nach dem Konsum beginnt die »euphorische Phase« (»kick«, »rush«). Sie ist gekennzeichnet durch eine gehobene

Grundstimmung mit gesteigertem Selbstbewusstsein und erhöhtem Aktivitätsdrang. Die Konsumenten sind risiko-, kontakt- und redefreudig. Ihre Selbstkritik und ihre kritische Urteilsfähigkeit sind vermindert, was sich in einem enthemmten Verhalten äußern kann. Größenphantasien und Allmachtsgefühle können hinzukommen. Der Körper wird auf Aktivität eingestellt, was sich in einem Anstieg des Blutdrucks sowie einer Erhöhung von Blutzuckerspiegel und Atemfrequenz äußert. Eine leichte Hyperthermie, d. h. ein Anstieg der Körpertemperatur, wird subjektiv als Kältegefühl wahrgenommen.

Die zweite Phase wird als eigentliches »Rauschstadium« angesehen. Sie dauert in der Regel ein bis zwei Stunden und ist durch eine mehr oder weniger starke paranoide (eigenbezügliche) Färbung gekennzeichnet: Misstrauen, illusionäre Verkennungen, Beziehungsideen, Halluzinationen, Angst, Wahnphänomene oder gar psychotische Zustände können hier auftreten.

Es folgt die dritte Phase, das »Erschöpfungsstadium«. Die Konsumenten fühlen sich körperlich ermattet, ihre anfängliche Vitalität weicht der Ermüdung, der Schläfrigkeit und dem Gefühl der Unlust. Depressive Verstimmungen können auftreten. Trotz dieser Ermattung sind die Konsumenten häufig agitiert und leiden unter der Unfähigkeit, einzuschlafen. Diese subjektiv als sehr unangenehm erlebte Phase wird häufig durch erneuten Kokainkonsum zu beenden versucht. Bleibt dann der gewünschte Effekt infolge von Toleranzerwerb jedoch aus, kann es zur gefährlichen Dosissteigerung bzw. zu einer gehäuften Konsumfrequenz (»Kokain-Binge«) kommen.

Die akuten körperlichen Wirkungen

Kokain wird häufig als »Psychostimulans« charakterisiert. Richtiger wäre jedoch die Bezeichnung »Psycho-*Physio*-Stimulans«, denn es stimuliert eben nicht nur die Psyche, sondern auch den Körper. Kokain stellt den gesamten Organismus auf Aktivität ein (▶ Kap. 5.4 Kokain als Leistungsdroge).

5.1 Körperliche und psychische Wirkungen

Der arterielle Blutdruck steigt an, das Herz schlägt schneller, die Pupille weitet sich, die motorische Aktivität und der Sauerstoffverbrauch nehmen zu und die Körpertemperatur steigt an. Der Körper wird in eine Art Arbeitsmodus versetzt, der Stoffwechsel wird aktiviert. Die dafür notwendige Energie wird durch eine Erhöhung des Blutzuckerspiegels bereitgestellt. Vermutlich erfolgt dies über eine Senkung der Insulinsekretion, das Hormon der Bauchspeicheldrüse, welches den Blutglukosespiegel reguliert. Kokain führt bei Gesunden zu einer signifikanten Senkung der Insulin-Plasmakonzentration und in dessen Folge zu einer Erhöhung des Blutzuckers, zu einer Hyperglykämie (Rott et al. 2008). Bei Menschen, die bereits unter einem Diabetes mellitus leiden, kann Kokain auf diesem Weg zu lebensgefährlichen Stoffwechselentgleisungen führen (Warner et al. 1998).

Kokain wirkt auch auf andere hormonelle Systeme. Es führt beispielsweise zu einer verstärkten Freisetzung des »Stresshormons« Adrenocorticotropin (ACTH) aus dem Hypophysenvorderlappen und in dessen Folge zu einer vermehrten Ausschüttung von Glucocorticoiden aus der Nebennierenrinde. Eventuell gibt es eine Verknüpfung zwischen der psychotropen Kokainwirkung und der Aktivierung dieser Hypothalamus-Hypophysen-Nebennieren-(HPA)-Achse (Mello und Mendelson 2009).

Kokain wirkt nicht nur auf die hormonelle »Stressachse«, sondern auch auf den Regelkreis der Geschlechtshormone, die sog. Hypothalamus-Hypophysen-Gonaden-(HPG)-Achse. Seine akute Wirkung auf das Testosteron wird in der Literatur widersprüchlich gesehen, wohingegen es die Blutspiegel an Luteinisierendem Hormon (LH) erhöht (Goletiani et al. 2009). LH fördert bei Frauen den Eisprung und bei Männern die Spermienreifung.

Auch das Gehirn schaltet physiologisch auf Aktivität um. Im Tierversuch konnte gezeigt werden, dass Kokain zu einem Anstieg der extrazellulären Glukose im Nucleus accumbens führt, einer zentralen Struktur des gehirneigenen Motivations- und Belohnungssystems (Wakabayash und Kiyatkin 2015; ▶ Kap. 4 Das dopaminerge Belohnungs- bzw. Verstärkungssystem).

> **Merke**
> Als »Psycho-Physio-Stimulans« entfaltet Kokain sowohl körperliche als auch psychische Wirkungen. Es erhöht Blutdruck, Puls, Körpertemperatur und Blutzuckerspiegel und es aktiviert die sog. »hormonelle Stressachse«. Die psychische Wirkung ist mannigfaltig und hängt stark von Umgebungsfaktoren und der individuellen Ausgangsbefindlichkeit des Konsumenten ab. Typischerweise verläuft sie in verschiedenen Phasen (Euphorie, Rausch, Erschöpfung).

Kokain-»Challenge«-Untersuchungen

Zu einer Objektivierung der körperlichen und psychischen Wirkungen des Kokains können sog. Challenge-Tests an Menschen beitragen. Darunter versteht man die experimentelle Verabreichung von Kokain unter standardisierten Bedingungen mit dem Ziel, die körperlich-psychischen Drogeneffekte mittels valider Messmethoden zu erfassen. In der Alkoholforschung sind solche Challenge-Tests gebräuchlich, in der experimentellen Kokainforschung sind sie hingegen kaum etabliert.

Challenge-Tests haben aus wissenschaftlicher Sicht viele Vorteile. Durch ihren experimentellen Charakter sind sie »prospektiv« angelegt, d. h. die Messwerte beruhen nicht auf Angaben im Nachhinein. Sie ermöglichen standardisierte Verhältnisse, d. h. alle Probanden werden unter gleichen und damit vergleichbaren Bedingungen getestet. Und schließlich kann bei Challenge-Tests immer auch eine Placebobedingung mit untersucht werden. Dies ermöglicht die Unterscheidung, ob die beobachteten Effekte von der zu untersuchenden Substanz herrühren oder durch andere Einflussfaktoren hervorgerufen werden.

Aus ethischen Gründen werden für Challenge-Tests mit Kokain nur Probanden zuglassen, die bereits Erfahrungen mit dieser Substanz haben. Sie erhalten unter standardisierten Laborbedingungen entweder ein Placebo oder reines Kokain in körpergewichtsbezogener Dosierung. Die subjektiven Erlebnisreaktionen können dann mittels Skalen und Fragebögen erfasst und die körperlichen Reaktionen (z. B. durch Blutabnahmen) in definierten Zeitabständen ermittelt werden. Die unter Kokain und die unter Placebo gemessenen Werte können dann miteinander verglichen werden.

Mit dieser experimentellen Methode, dem Kokain-Challenge-Test, wurden bisher nur wenige Untersuchungen durchgeführt. So wurden damit beispielsweise der Zusammenhang zwischen Wirkungserwartung und Wirkungserleben (Lundahl und Lukas 2007), der Einfluss von potentiellen Medikamenten auf die durch Kokain induzierten Effekte (Baker et al. 2007; Stine et al. 1997) oder die Auswirkungen von Kokain auf spezifische Aspekte der Immunabwehr (Halpern et al. 2003) untersucht. Zukünftig könnte man sich auch die Kombination mit bildgebenden Verfahren (z. B. der sog. pharmakologischen Magnetresonanz-Tomographie) vorstellen, um damit die Kokainwirkung auf die Gehirnaktivität räumlich und zeitlich zu erforschen. Das wissenschaftliche Potential der Kokain-Challenge-Untersuchungen ist bei weitem noch nicht ausgeschöpft.

Die Intoxikation

Im Gegensatz zu den offiziellen Diagnosekriterien ICD und DSM, die jegliche Form von Kokainwirkung bereits als »Intoxikation« bezeichnen (also auch den komplikationslosen, positiv erlebten »typischen« Kokainrausch), soll hier nur das mit akuten Komplikationen behaftete, in der Regel auf einer unangepassten Dosierung beruhende Konsumereignis als Kokainintoxikation verstanden werden. Da es sich dabei häufig um medizinische Notfälle handelt, findet man die meisten Fälle von Kokainintoxikationen am Wochenende in den Notfallambulanzen der Krankenhäuser.

Die Gefahr einer Intoxikation ist am höchsten, wenn Kokain geraucht (Crack, freebase) oder injiziert wird. Das liegt zum einen daran, dass das »richtige« Dosieren bei diesen Konsumweisen schwieriger ist als beim Sniffen. Zum anderen besteht beim Rauchen und Injizieren eher die Gefahr, dass der Konsum zu einem »Kokain-Binge« entgleist, einem starken Verlangen nach rascher Wiederholung, das mit Kontrollverlust und hochfrequentem Konsum einhergeht.

Die Intoxikation ist gekennzeichnet durch eine pathologische Entgleisung der körperlichen und psychischen Kokainwirkungen. Aus der Hypervigilanz wird ein psychomotorischer Erregungszustand, aus dem assoziativ gelockerten Denken ein Verwirrtheitszustand, aus der euphorischen Stimmung ein maniformes Syndrom, aus der Heiterkeit eine affektive Verflachung, aus der zwischenmenschlichen Empfindsamkeit ein paranoides Zustandsbild oder ein schwerer Angstzustand. Aus der harmlosen Tachykardie kann eine gefährliche Herzrhythmusstörung werden und die zentralnervöse Erregung kann sich schlimmstenfalls in einem epileptischen Anfall manifestieren. Blutdruckkrisen, kardial bedingte Brustschmerzen, Übelkeit, Erbrechen und Bewusstseinstrübungen bis hin zum Koma können das Symptombild einer Kokainintoxikation bestimmen (Zimmerman 2012).

»Body Packing«

Zu besonders schweren, mitunter tödlich verlaufenden Intoxikationen kann es nach »Transportunfällen« beim sog. »body packing« kommen. »Body packers« sind Drogenkuriere, die das Kokain in ihrem Gastrointestinaltrakt transportieren (erfolgt der Transport hingegen im Enddarm oder in der Vagina, spricht man von »body pushing«).

Beim »body packing« werden mit Kokain gefüllte Päckchen (z. B. Kondome) geschluckt und so am Zoll vorbeigeschmuggelt. Platzt eines dieser Transportbehältnisse, kommt es zu einer akuten lebensbedrohlichen Kokain-Intoxikation. Leitsymptom ist der epileptische Krampfanfall, der in der Regel die Vergiftungssymptomatik einleitet. Eine Röntgenaufnahme des Abdomens sichert die Diagnose. Bei der sich notfallmäßig anschließenden Operation

(Laparotomie) werden dann die Päckchen aus dem Bauchraum operativ beseitigt und das ausgetretene Kokain mit einer Lavage entfernt (Berger et al. 2015).

5.2 Gesundheitliche Folgen des Kokainkonsums

5.2.1 Psychische Folgen

Abhängigkeit

Kokain hat eine starke süchtigmachende Bindekraft. Sein wiederholter Konsum kann zum schädlichen Gebrauch und zu einer Abhängigkeit führen (diagnostische Kriterien ▶ Kap. 7 Diagnostik). Wie groß die Gefahr ist, von einer Droge abhängig zu werden, wird durch die sog. »capture rate« angegeben. Darunter versteht man, wie viel Prozent der Konsumierenden eine Abhängigkeit entwickeln (▶ Tab. 5.1).

Tab. 5.1: Anteil der Konsumierenden, der eine Abhängigkeit entwickelt (»capture rates«) (National Addiction Center 2003)

Substanzen	Lebenszeitprävalenz einer Abhängigkeit in der Gruppe der Konsumenten (nicht der Allgemeinbevölkerung!)
Tabak	31.9 %
Heroin	23.1 %
Kokain	16.7 %
Alkohol	15.4 %
Cannabis	9.1 %

Eine besonders drastische Erscheinungsform der Abhängigkeit ist der sog. Kokain »Binge«. Darunter versteht man, dass Kokain in unkontrollierter, zwangsähnlicher Weise hochfrequent über Tage hinweg konsumiert wird – limitiert allein durch die begrenzte Verfügbarkeit der Substanz. Ein anfallsartig auftretendes Craving (»episodenhafte Gier«), besonders häufig nach erzwungener Abstinenz, kann der Auslöser dafür sein. Die Gefahr des »Crashs«, eines psychischen Zusammenbruchs, ist nach einem solchen Binge besonders hoch.

Entzugssyndrom

Im Gegensatz zu anderen psychotropen Substanzen (z. B. Alkohol oder Heroin) löst Kokain keine heftigen körperlichen Entzugssymptome aus. Sieht man von Mattigkeit und Schlafstörungen einmal ab, so bewegen sich alle Beeinträchtigungen im Bereich der psychischen Entzugssymptomatik. Sie können in wechselndem Ausmaß von Müdigkeit, Schläfrigkeit, unangenehmen Träumen (häufig »Konsumträume«), Avitalität und Lustlosigkeit begleitet werden.

Diese psychische Entzugssymptomatik ist umso heftiger, je intensiver und länger Kokain zuvor konsumiert wurde. Sie tritt innerhalb von Stunden bis wenigen Tagen nach Beendigung des Konsums auf, kann mehrere Wochen andauern und lässt sich in drei Phasen unterteilen. In den ersten Tagen des Entzugs (akute Phase) tritt eine starke Dysphorie auf. Da diese häufig von einem heftigen Verlangen nach Kokain (»craving«) begleitet wird, ist die Rückfallgefahr in dieser Phase besonders hoch. Recht charakteristisch sind auch lebhafte Träume, z. B. Träume vom Kokainkonsum.

In der zweiten Phase, sie dauert mehrere Tage, kommt es in wechselndem Ausmaß zu Müdigkeit, Schläfrigkeit, Lustlosigkeit und Depressivität. Diese Symptome können in nachlassender Weise über mehrere Wochen hinweg fluktuieren, bis sie schließlich ganz verschwinden (Extinktionsphase).

Sofern außer dem Kokain nicht noch andere Drogen im Entzug eine Rolle spielen, sind in keiner dieser Phasen lebensbedrohliche Komplikationen (wie z. B. Entzugskrampfanfälle oder Delirien bei Alkoholabhängigen) zu erwarten. Die größte Gefahr des Kokainentzugs quoad vitam ist das Suizidrisiko. Während des Entzugs können starke Depressionen auftreten, auf die Suizidgefahr muss deshalb besonders aufmerksam geachtet werden. Sie kann jede Phase des Kokainentzugs überschatten.

Angst-/Panikerkrankung

In den diagnostischen Kriterien (DSM-5) der American Psychiatric Association taucht der Begriff der »substanzinduzierten Angststörung« auf und unter den zehn Substanzen, die eine solche »sekundäre« Angst auslösen können, wird u. a. auch das Kokain aufgeführt (»sekundär« bezieht sich hier ausschließlich auf die Reihenfolge des zeitlichen Auftretens). Zwar können nahezu alle Drogen Angstsymptome auslösen (z. B. infolge einer Intoxikation, im Entzug oder bei einem atypischen Rauschverlauf), durch Stimulanzien geschieht dies jedoch besonders leicht. Kokain bewirkt im Organismus nämlich physiologische Veränderungen, die denen einer Panikattacke ähneln: Herzklopfen, Blutdruckanstieg, innere Unruhe und Nervosität können bei entsprechend prädisponierten Personen eine beginnende Panik imitieren und damit die Angstspirale im Sinne einer sich selbst erfüllenden Befürchtung in Gang setzen.

Eine Panikattacke ist charakterisiert durch ihren plötzlichen Beginn, der typischerweise nicht an eine spezifische äußere Auslösesituation gebunden ist. Sie kann mit Herzklopfen, Brustschmerzen, Erstickungsgefühlen, Schwindel, Schweißausbrüchen, Zittern, Hyperventilation, Entfremdungsgefühlen (Derealisationen, Depersonalisationen) und sogar mit Todesangst einhergehen. Häufig entwickeln die Patienten eine sog. »Erwartungsangst«, d. h. eine mit ängstlich-aufmerksamer Selbstbeobachtung einhergehende Furcht vor der nächsten Attacke.

Eine überzufällig häufige Kombination von Kokainkonsum und Panikattacken ist seit langem bekannt. Anthony et al. (1989) haben diesen Zusammenhang erstmals quantifiziert. In einer epidemiologischen Untersuchung mit über 5800 Erwachsenen errechneten sie ein dreifach erhöhtes relatives Risiko für Panikattacken bei Kokainkonsumenten im Vergleich zu Nicht-Konsumenten. Zu einem ähnlichen Resultat kamen Alvarado et al. (2010), die über 1600 junge Erwachsene mit und ohne Kokainkonsum untersuchten: Wenn sie aus ihrer Analyse diejenigen Personen ausschlossen, welche bereits vor dem ersten Kokainkonsum unter Panikattacken gelitten hatten und ein Alkoholproblem hatten, so fand sich für Kokainkonsumenten ein 3,2fach erhöhtes Risiko (odds ratio) für Panikattacken im Vergleich zu Personen, die kein Kokain konsumierten (Alvarado et al. 2010).

Psychosen

Im Kapitel »Der phasenhafte Verlauf des Kokainrauschs« wurde bereits darauf hingewiesen, dass die akute Kokainwirkung häufig mit psychotischen Symptomen und Halluzinationen einhergeht (▶ Kap. 5.1 Körperliche und psychische Wirkungen). In Untersuchungen an Patienten aus psychiatrischen Settings rangiert diese Häufigkeit zwischen 29 % und 86 % (Roncero et al. 2012, Vorspan et al. 2012). In diesen Fällen würde man am ehesten von einer Intoxikationspsychose sprechen, da sie mit dem Abklingen der akuten Kokainwirkung wieder verschwindet. Das diagnostische Manual der American Psychiatric Association (DSM-5) kennt dafür den Begriff der »Kokainintoxikation mit psychotischen Symptomen« bzw. der »Kokainintoxikation mit Wahrnehmungsstörungen«.

Die Internationale Klassifikation psychischer Störungen (ICD-10) begrenzt den Beginn einer solchen »psychotischen Störung« auf den Zeitraum von 48 Stunden nach der Einnahme von Kokain und beschreibt das psychopathologische Bild als »eine Störung, die gewöhnlich während oder unmittelbar nach dem Substanzgebrauch auftritt und durch lebhafte Halluzinationen [...], Personenverkennungen, Wahn und/oder Beziehungsideen (häufig im Sinne einer Verfolgung) gekennzeichnet ist. Psychomotorische Störungen wie Erregung oder Stupor sowie abnorme Affekte, die von intensiver Angst bis zur Ekstase reichen, treten auf. Das Sensorium ist meist klar, das Bewusstsein kann jedoch bis zu einem gewissen Grad getrübt sein [...]. Die Störung geht typischerweise innerhalb eines Monats zumindest teilweise, innerhalb von sechs Monaten vollständig zurück.« (ICD-10: F14.5).

Es gilt als sicher, dass das Risiko für eine kokaininduzierte Psychose mit der Konsummenge steigt und dass es auch umgekehrt einen deutlichen Zusammenhang zwischen der Reduktion des Kokainkonsums und dem Abklingen der psychotischen Symptome gibt (Roncero et al. 2014). Als Risikofaktoren, welche die Wahrscheinlichkeit von psychotischen Symptomen bei Kokainkonsumenten erhöhen, gelten außer der aktuell eingenommenen Dosis die Gesamtmenge im Lebenszeitraum und die Anzahl der Konsumjahre – alles Parameter, die mit der Quantität in Beziehung stehen. Darüber hinaus spielt der Konsumweg (▶ Kap. 3.3 Konsumweisen) eine Rolle. Das Psychoserisiko scheint bei der nasalen Zuführung am geringsten, bei der intravenösen Applikation am höchsten zu sein (Roncero et al. 2013, Gilder et al. 2014).

Ob das männliche Geschlecht einen Risikofaktor per se darstellt oder ob ein von manchen Autoren beschriebenes erhöhtes Psychoserisiko bei männlichen Konsumenten daran liegt, dass Männer tendenziell mehr Kokain als Frauen konsumieren, kann derzeit nicht eindeutig beantwortet werden. Als sicher gilt hingegen, dass der Konsum weiterer Drogen, insbesondere der von Cannabis, das Psychoserisiko von Kokainkonsumenten erhöht (Tang et al. 2007). Das gleiche gilt für einige komorbide psychische Erkrankungen wie das Aufmerksamkeitsdefizit-Hyperaktivitätssyndrom (ADHS), die antisoziale sowie die Borderline-Persönlichkeitsstörung (Tang et al. 2007).

Ein weiterer Risikofaktor resultiert aus pharmakologischen Interaktionen mit Medikamenten, welche wie das Kokain direkt oder indirekt verstärkend auf das dopaminerge System einwirken. So gibt es Fallbeschreibungen von kokaininduzierten Psychosen bei Patienten, die mit Bupropion, Methylphenidat oder Disulfiram behandelt worden sind (Farooque et al. 2010, Mutschler et al. 2009, Delavenne et al. 2013).

Schließlich werden auch noch bestimmte genetische Faktoren für die Erhöhung des Psychoserisikos durch Kokainkonsum verantwortlich gemacht. Dabei handelt es sich vor allem um genetische Variationen, sog. Polymorphismen, die im Zusammenhang mit der Bildung, dem Transport oder dem Abbau von Dopamin sowie mit dessen spezifischen Bindungsstellen, den Dopamin-Rezeptoren stehen (Übersicht: Roncero et al. 2014).

Dermatozoenwahn, Magnansches Zeichen

Wahrnehmungsstörungen (Halluzinationen) können unter Kokain auf allen Sinnesgebieten vorkommen. Eine besonders typische jedoch soll die »taktile Halluzinose« sein, bei der durch Ungeziefer hervorgerufene krankhafte Hautveränderungen halluziniert und wahnhaft verarbeitet werden (»Dermatozoenwahn«, wahnhafter Ungezifferbefall). Die Betroffenen sind davon überzeugt, ihre Haut sei von lebenden Parasiten (Läuse, Flöhe, Zecken, Milben, Käfer, Wanzen, Würmer usw.) befallen. In den alten Lehrbüchern wurde dies das »Magnansche Zeichen« genannt. Es galt als diagnostisch wegweisend für die kokaininduzierte »Paranoia hallucinatoria«.

Eine solche Halluzinose ist für die Betroffenen überaus quälend und ängstigend. Sie sind mit subjektiver Gewissheit davon überzeugt, dass sich lebendes Ungeziefer durch ihre Haut wühlt (»cocaine bugs«). Sie berichten von Brennen, Jucken, Stechen und Krabbeln auf der Haut und weisen häufig daraus resultierende Kratzspuren auf.

Ein durch Kokain induzierter Dermatozoenwahn klingt in der Regel mit der Intoxikation wieder ab. Länger anhaltende Symptome sollen auf moderne Neuroleptika gut ansprechen (Übersicht: Edlich et al. 2008).

5.2.2 Körperliche Folgen

Kokain stimuliert nicht nur die Psyche (»Psychostimulans«), sondern auch den Körper (»Psycho-Physio-Stimulans«). Seine sympathomimetische Wirkung versetzt den gesamten Organismus in einen »Arbeitsmodus«, der Körper stellt sich auf Aktivität ein: Die Pupille weitet sich, das Herz schlägt schneller, Blutdruck, Sauerstoffverbrauch und Körpertemperatur steigen an. Die Energiereserven werden mobilisiert, deshalb wird der Stoffwechsel beschleunigt und der Blutzuckerspiegel angehoben. Die hormonelle Stressachse wird aktiviert und entfaltet ihre Wirkung auf sämtliche Organsysteme (▶ Kap. 5.1 Körperliche und psychische Wirkungen).

Eine solche Vielfalt an körperlichen Veränderungen bleibt nicht ohne Folgen. Kokain unterdrückt beispielsweise das Hungergefühl. Bei chronischem Konsum können Gewichtsverlust und Mangelernährung bis hin zum Marasmus die Folgen sein. Durch kokaininduzierte Erregungsdelire, häufiger aber durch Überdosierungen können Todesfälle auftreten. Die Gefahr ist besonders groß, wenn Kokain in Kombination mit Opioiden oder Alkohol konsumiert wird (Bernstein et al. 2007).

Kokain und die Nase

Die am häufigsten praktizierte Konsumform, die Zuführung des Kokains über die Nase (»Sniffen«), kann bei chronischem Konsum zu lokalen Schäden der Schleimhaut und des darunterliegenden Gewebes führen. Nasenbluten und eine Minderung des Geruchssinns sind typische Frühsymptome einer beginnenden Kokain-bedingten Rhinopathie. Schlimmstenfalls kommt es zur Perforationen der Nasenscheidewand und des Gaumens, welcher Nasen- und Mundhöhle voneinander trennt (Smith et al. 2002).

Die Entstehung dieser Schäden hat mehrere Ursachen. Als die wichtigste gilt die lokale Ischämie, d. h. die Verringerung der Blutversorgung der Nasenschleimhaut infolge einer Verengung der

Blutgefäße. Als eine weitere Entstehungsbedingung wird die chemische Irritation der Schleimhaut durch die Verunreinigungen des Kokains infolge von Streckungsmitteln (»Adulterantien«) gesehen. Sie können zu einer Zerstörung des sog. respiratorischen Flimmerepithels führen, dessen Aufgabe darin besteht, Schleim und Mikroorganismen durch koordinierte Bewegungen aus der Nasenhöhle in Richtung Rachen zu befördern. Fällt dieser Selbstreinigungsmechanismus aus, kann die so geschädigte und mangelhaft mit Blut versorgte Nasenschleimhaut zu einem Nährboden für Infektionen werden, die mitunter einen üblen Geruch verbreiten. Die »Ozaena«, die sog. Stinknase, gilt als typische Spätfolge einer Kokain-bedingten Rhinopatie.

Kokain und die Lunge

Kokain schädigt nicht nur die Schleimhaut und das respiratorische Flimmerepithel der Nase, sondern auch der sich anschließenden Atemwege und Atmungsorgane. Insbesondere das Rauchen von Crack und Freebase führt nach relativ kurzer Zeit zu Schädigungen der Lunge. Diese können vielfältig sein und werden daher häufig unter dem Überbegriff des »Crack-Syndroms« bzw. der »Crack-Lunge« beschrieben.

Die Durchblutungsstörungen der Lunge können zur Atemnot führen, ein Lungenödem provozieren oder einen Asthmaanfall auslösen. Eine gefürchtete Langzeitfolge chronischen Kokainkonsums ist Bluthochdruck im Lungenkreislauf, die sog. pulmonale Hypertonie, die zu einer Insuffizienz der rechten Herzkammer führen kann.

Kokain und das Herz

Kokain kann das Herz auf vielfältige Weise schädigen (Übersicht: Maraj et al. 2010). So führt die sympathomimetische Wirkung der Substanz u. a. zu einer vermehrten Freisetzung von Katecholaminen aus dem peripheren vegetativen Nervensystem, welches u. a.

5.2 Gesundheitliche Folgen des Kokainkonsums

das Herz und die Blutgefäße innerviert. Kokain führt so zu einer dosisabhängigen Erhöhung des Blutdrucks und des Pulses.

Schmerzen in der Brust gehören zu den häufigsten Symptomen, über die Kokainkonsumenten berichten, und koronare Ischämien bis hin zum Myokardinfarkt gehören zu den lebensgefährlichsten Komplikationen. Diese Wirkung auf das Herz beruht auf der kokaintypischen Intensivierung von α- und β-adrenergen Effekten: Puls und Blutdruck steigen an, die Koronargefäße verengen sich, die Sauerstoffversorgung des Myokards wird reduziert. Zusätzlich werden die Thrombozytenaggregation und die Produktion von Thromboxane verstärkt, was die Gefahr einer Thrombusbildung erhöht.

Die größte Gefahr einer kardiovaskulären Komplikation besteht innerhalb der ersten Stunde nach Kokainkonsum. Sie ist abhängig von der zugeführten Menge und der Art der Applikation. Typischerweise handelt es sich bei diesen Patienten um zuvor gesunde Männer zwischen 30 und 40 Jahre alt mit Tabak-Rauchen als einzigem Risikofaktor. Jüngere Patienten mit unklaren Brustschmerzen oder einer kardiovaskulären Symptomatik sollten daher stets auch nach ihrem Kokainkonsum befragt werden.

Herzrhythmusstörungen verschiedenster Art sind eine weitere gefürchtete Folge des Kokainkonsums. Beschrieben sind u. a. Sinustachykardien, ventrikuläre Arrhythmien, Vorhofflimmern sowie Störungen der Erregungsleitung. Auch hierfür ist die sympathomimetische Wirkung der Substanz verantwortlich.

Erweiterungen des Herzmuskels, dilatative Myokardiopathien, sind eine seltene, aber bedrohliche weitere Komplikation. Bei etwa einem Drittel der kokainbedingten Todesfälle wurde eine Myokarditis, eine Entzündung des Herzmuskels, als Ursache beschrieben.

Tab. 5.2: Kokaininduzierte kardiale Komplikationen (Maraj et al. 2010)

Komplikation	Pathophysiologische Mechanismen
Myokardiale Ischämie, Herzinfarkt	Die erhöhte sympathomimetische Aktivität vergrößert den Sauerstoffbedarf des Herzmuskels
	Vermehrter Kalzium-Fluss durch die Zellmembran der Herzmuskelzellen
	Beschädigung der Endothelzellen der Herzgefäße, dadurch reduzierte Synthese von Prostacyclin
	Vermehrte Produktion von Thromboxan in den Blutplättchen
Kardiomyopathie, Myokarditits	Die dauerhafte Aktivierung von Adrenalin bewirkt exzessive Kontraktionen und Nekrosen der Herzmuskelzellen.
	Direkte toxische Effekte von Kokain auf die Myofibrillen
	Hypersensitive Reaktionen des Myokards auf Kokain
Herzrhythmusstörungen	Durch vermehrte Katecholaminausschüttung
	Verlängerung des QT-Intervalls durch Hemmung der Repolarisation
	Minderdurchblutung der Herzmuskelzellen führt zur elektrischen Instabilität
Endokarditis	Möglicherweise direkte toxische Wirkung von Kokain auf die Endothelzellen
Aortendissektion	Erhöhung des systemischen Blutdrucks führt zu verstärkten Scherkräften an der Gefäßwand

Kokain und die Leber

Bedenkt man die weite Verbreitung und den häufigen Konsum von Kokain, so sind Leberschäden bei reinen Kokainkonsumenten eine Rarität. Sie kommen häufiger vor, wenn Kokain mit anderen Drogen, insbesondere mit Alkohol kombiniert wird. Im Vordergrund stehen dann Hepatitiden und Leberzellnekrosen (van Thiel und Perper 1992).

Im Jahr 1890 beschrieb der deutsche Arzt und Forscher Paul Ehrlich als erster Lebernekrosen bei Mäusen nach einer »Kokaindiät«. Über 80 Jahre später entdeckte man, dass die akute Toxizität von Kokain durch eine Vorbehandlung mit Phenobarbital zwar verringert werden konnte, dass die Tiere jedoch ca. sieben Tage später an einer Leberzellnekrose starben. Es wird vermutet, dass ein Nebenabbauweg des Kokains in der Leber dafür verantwortlich ist (Shuster et al. 1988). So wird beispielsweise ein Teil des konsumierten Kokains durch bestimmte Leberenzyme, die sog. Cytochrome P450 verstoffwechselt (sog. »oxidativer Abbau des Kokains«, ▶ Kap. 4 Pharmakologie und Neurobiologie). Dabei entstehen Abbauprodukte wie der aktive Metabolit Norkokain-Nitroxid, der im Verdacht steht, schwere Leberzellnekrosen zu verursachen (Valente et al. 2012). Die Gefahr eines Leberschadens scheint dann besonders groß zu sein, wenn vor dem Kokainkonsum die Abbaukapazität dieser Cytochrome P450 vergrößert (»induziert«) worden ist, was besonders effektiv durch eine Vorbehandlung mit bestimmten Medikamenten (z. B. Phenobarbital oder Antiepileptika), aber auch durch den Konsum von Alkohol erfolgen kann (Shuster et al. 1988).

Kokain und das Gehirn

Mangeldurchblutungen des Gehirns, sog. zerebrale Ischämien, bis hin zum Schlaganfall sind gefürchtete Komplikationen nach Kokainkonsum. Auch dafür wird die sympathomimetische Wirkung der Substanz verantwortlich gemacht. Sie führt zu der bereits erwähnten Verengung der zuführenden Blutgefäße, die so stark sein kann, dass das Gehirn mangelhaft mit Sauerstoff versorgt wird.

Beschrieben sind aber auch zerebrale Blutungen sowie Subarachnoidalblutungen, z. B. durch ein vorbestehendes Aneurysma, das infolge des plötzlichen kokaininduzierten Blutdruckanstiegs platzt (Klonoff et al. 1989). Eine Untersuchung an jungen Erwachsenen zeigte auf, dass der Konsum von Kokain das Risiko sowohl für eine Gehirnblutung als auch für einen ischämischen Schlaganfall ungefähr verdoppelte (Westover et al. 2007). Darüber hinaus kann es zu einer Reihe weiterer neurologischer Komplikationen kommen, wie z. B. Unruhe, Verwirrtheit, Koordinationsstörungen und Dyskinesien. Durch die kokainbedingte zentralnervöse Übererregung ist die Gefahr von zerebralen Krampfanfällen erhöht. Besonders häufig treten diese Anfälle bei Erstkonsumenten auf. Sie beginnen innerhalb der ersten zwei Stunden nach Konsum und korrelieren mit dem Gipfel des Kokainspiegels im Blut (Übersicht: Zagnoni und Albano 2002).

Eine Untersuchung an 500 Kokainabhängigen ergab, dass ca. 10 % von ihnen bereits einen zerebralen Krampfanfall erlitten hatten (Choy-Kwong und Lipton 1989). Eine lebensbedrohliche Situation entsteht, wenn mehrere Krampfanfälle in so kurzen Intervallen aufeinander folgen, dass dazwischen das Bewusstsein nicht wiedererlangt werden kann. Man spricht dann von einem »status epilepticus«. In der o. g. Untersuchung hatten 3 % der Kokainabhängigen einen solchen Status bereits erlitten (Choy-Kwong und Lipton 1989).

Mit den modernen bildgebenden Verfahren ist es möglich geworden, die Struktur und die Funktionsweise von Gehirnen am lebenden Menschen zu untersuchen. Der Vergleich von chronischen Kokainkonsumenten mit gesunden Kontrollpersonen zeigte, dass sich die Gehirne der Erstgenannten durch eine etwa 10 %ige Verringerung der Gehirnrinde auszeichnen. Es handelt sich dabei um einen relativ konsistenten Befund, der in mehreren Studien nachgewiesen werden konnte (Mackey und Paulus 2013). Unterschiedliche Teile des Großhirns scheinen dabei unterschiedlich betroffen zu sein. Als eine besonders »vulnerable« Struktur erwies sich der vordere Teil des Großhirns, der frontale Kortex, und hier insbesondere dessen ventromedialen Anteile sowie die sog. Inselregion. Dieser Verlust an Grauer Substanz wird von manchen Autoren als ein beschleunigter Alterungsprozess des Gehirns interpretiert. Eventuell löst der »Stressor« Kokain strukturelle Veränderungen aus, wie sie normalerweise erst im höheren Lebensalter auftreten (Ersche et al. 2013).

Auch unterhalb der Großhirnrinde zeigen sich strukturelle Veränderungen, insbesondere im Corpus striatum, einer anatomischen Struktur, die zu den sog. Basalganglien gehört und die für die Steuerung von Bewegungsimpulsen zuständig ist. Langjähriger Kokainkonsum führt offensichtlich zu einer Vergrößerung des Corpus striatums (Mackey und Paulus 2013). Dies ist insofern ein bemerkenswerter Befund, weil die Basalganglien als eine zentrale Struktur bei der Entstehung von Suchterkrankungen angesehen werden.

Die Frage, ob sich diese Veränderungen des Gehirns unter dauerhafter Kokainabstinenz auch wieder zurückbilden können, kann derzeit noch nicht abschließend beantwortet werden. Hierzu wären Langzeituntersuchungen mit wiederholten Messungen notwendig, die bei Kokainkonsumenten jedoch fehlen. Lediglich bei Amphetamin-Abhängigen gibt es eine Untersuchung, die eine teilweise »Erholung« des frontalen Kortex nach sechsmonatiger Abstinenz beschreibt (Kim et al. 2006).

Infektionserkrankungen

Drogenkonsum geht mit einem erhöhten Risiko für Infektionserkrankungen einher. Gehäuft finden sich Infektionen mit HIV, Hepatitis B und C, mit sexuell übertragbaren Krankheiten (Gonorrhö, Syphilis) sowie mit Clostridien, Staphylokokken und Tuberkulose-Erregern. Die wichtigsten Bedingungsfaktoren für dieses erhöhte Infektionsrisiko sind der intravenös injizierende Konsum, insbesondere, wenn er mit einem gemeinsamen Nutzen von Nadeln und anderem Injektionszubehör verbunden ist, sowie ein risikoreiches Sexualverhalten (EMCDDA 2001). Das gilt für den Konsum aller Drogen, also auch für den von Kokain.

Doch gibt es ein erhöhtes Infektionsrisiko, das nicht den Begleitumständen des Konsums (Applikations-Hygiene, Sexualverhalten), sondern der Substanz selbst, also dem Kokain an sich angelastet werden kann? Am besten erforscht ist diese Frage für

Infektionen mit dem Humanen Immundefizienz-Virus (HIV) (Übersicht: Dash et al. 2015).

Kokain und HIV-Infektion

Kokain scheint ein pathogener Kofaktor für alle Stadien der HIV-Pathogenese zu sein. Es sind mindestens drei Mechanismen, die dies bewirken: Zum einen erhöht der Kokainkosum die sexuelle Risikobereitschaft und damit die Wahrscheinlichkeit einer HIV-Exposition. Ob sich nach einer solchen Exposition eine HIV-Infektion jedoch manifestieren kann, hängt u. a. von der Immunabwehr des Betroffenen ab. Kokain wirkt immunsuppressiv und erhöht damit die Anfälligkeit gegenüber einer HIV-Infektion (Pellegrino und Bayer 1998). Schließlich wirkt sich Kokain auch auf den Verlauf der Erkrankung aus. Kokainkonsumenten haben ein erhöhtes Risiko, dass bei ihnen die HIV-Infektion zur manifesten AIDS-Erkrankung fortschreitet (Baum et al. 2009).

Bereits im frühen Stadium einer HIV-Infektion gelangt das Virus in das Gehirn. Dies kann im weiteren Verlauf der Erkrankung zu einer Reihe HIV-assoziierter neurodegenerativer Störungen führen. Ein entscheidendes Hindernis für den Weg des HI-Virus in das Gehirn stellt eine intakte Blut-Hirn-Schranke dar. Kokain beeinträchtigt jedoch die Funktion dieser Schranke und erleichtert damit den Übertritt der Viren in das zentrale Nervensystem (Sharma et al. 2009).

Kokain und Schwangerschaft

Kokain, das in der Schwangerschaft konsumiert wird, passiert auch die Blut-Hirn-Schranke des Fötus und stimuliert dessen Gehirn, indem es dort unmittelbar die Wiederaufnahme von Dopamin, Serotonin und Noradrenalin blockiert. Umgebungsfaktoren, die mit dem Kokain-Konsum der Mutter in Zusammenhang stehen (z. B. Armut, Prostitution, Gewalt), nehmen mittelbaren Einfluss auf die Kindesentwicklung.

Eine Metaanalyse von 31 Studien ergab: Kokainkonsum in der Schwangerschaft erhöht signifikant die Wahrscheinlichkeit für eine intrauterine Wachstumsretardierung (< 10. Perzentile für Gestationsalter), für eine verkürzte Schwangerschaftsdauer (< 37. Woche) und für ein verringertes Geburtsgewicht (< 2.500g) (Gouin et al. 2011).

Nach der Geburt zeigen Mütter, die während der Schwangerschaft Kokain konsumierten, ein vergleichsweise geringeres mütterliches Fürsorgeverhalten gegenüber ihren Neugeborenen, sie haben größere Probleme, eine emotionale Bindung mit ihnen aufzubauen und zeigen subtile Ablehnungsreaktionen gegenüber ihren Kindern während des Stillens und des Spielens (Übersicht: Cressman et al. 2014). Diese Defizite der Kokainkonsumentinnen im Umgang mit ihren Neugeborenen gehen offensichtlich einher mit niedrigen Plasma-Oxytocinspiegeln (Light et al. 2004).

Mit den modernen Bildgebungsverfahren, wie z. B. der Magnetresonanztomographie (MRI), lassen sich bei Kindern mit einer vorgeburtlichen Kokainexposition strukturelle Auffälligkeiten des Gehirns bis in die Adoleszenz hinein nachweisen (Akyuz et al. 2014). Ob es sich dabei allerdings um eine spezifische Kokainfolgewirkung handelt oder ob diese Auffälligkeiten mit anderen »konfundierenden« Faktoren während der Schwangerschaft in Verbindung stehen, bleibt noch zu erforschen. Unabhängig jedoch davon, wie spezifisch diese Auffälligkeiten durch Kokain verursacht sind, wäre es denkbar, dass geringe Pathologien der Kindheit während der anspruchsvollen Periode der Adoleszenz, in der eine weitere Ausreifung des Gehirns stattfindet, zunehmen.

In einer prospektiv angelegten Langzeitstudie untersuchten Singer et al. (2015) 218 Kinder, deren Mütter während der Schwangerschaft Kokain konsumiert hatten, und verglichen sie mit 197 Kindern ohne pränatale Kokainexposition. Beide Gruppen wurden unmittelbar nach der Geburt in die Studie eingeschlossen und danach bis ins Alter von 17 Jahren wiederholt untersucht. Im Vergleich fanden sich bei den Jugendlichen, deren Mütter während der Schwangerschaft Kokain konsumiert hatten, in der Adoleszenz eine Reihe von Defiziten, so z. B. in den Bereichen Aufmerksamkeit, Sprache und exekutive Funktionen sowie in einigen Bereichen der Intelligenzmessung. Da es sich hier um eine große Untersuchungsgruppe handelte, konnten potentielle Störeinflüsse anderer Variablen (confounding factors) statistisch berücksichtigt werden. Doch selbst dann blieb der Einfluss der pränatalen Kokainexposition auf das Ergebnis statistisch signifikant (Singer et al. 2015).

Merke
Der Konsum von Kokain kann zu Gesundheitsschäden führen. Abhängigkeit, Angst-/Panikerkrankungen, Depressionen und Psychosen sind die häufigsten psychischen Folgestörungen. In körperlicher Hinsicht kann Kokain Nase, Lunge, Leber, Herz und Gehirn vielfältig schädigen. Der Konsum in der Schwangerschaft kann zur intrauterinen Wachstumsretardierung des Ungeborenen und zu einer Verkürzung der Gravidität führen. Kokain erhöht die Bereitschaft zu riskantem Sexualverhalten und die Infektionsgefahr für HIV, Hepatitis B und C, Geschlechtskrankheiten und andere Infektionserkrankungen.

5.3 Komorbidität mit psychischen Störungen

Definition
Leidet ein Patient gleichzeitig unter mehr als einer Erkrankung, spricht man von »Komorbidität« (Begleiterkrankung). Es handelt sich dabei um eine rein formale Beschreibung, die nichts über einen eventuellen Zusammenhang der Erkrankungen aussagt. Treten viele Erkrankungen zeitlich gemeinsam auf, so spricht man von »Multimorbidität«.

5.3 Komorbidität mit psychischen Störungen

Im Bereich der psychischen Störungen ist Komorbidität eher die Regel als die Ausnahme, man denke nur an die häufige Vergesellschaftung von Angsterkrankungen, Depressionen und Persönlichkeitsstörungen. Auch Suchterkrankungen treten überzufällig häufig mit weiteren psychischen Störungen gemeinsam auf, man spricht dann von Doppeldiagnosen (»dual diagnosis«). Die Doppeldiagnose ist demnach ein auf Suchtpatienten beschränkter Spezialfall von Komorbidität (Übersicht: Moggi 2007).

Je nach Untersuchungsgruppe findet man bei 30-60% der Kokainabhängigen eine weitere psychische Störung (Falck et al. 2004, Herrero et al. 2008). Am häufigsten sind dies affektive Erkrankungen, Psychosen, Angsterkrankungen und Persönlichkeitsstörungen (insbesondere die dissoziale und die Borderline-Persönlichkeitsstörung). Ein Problem in diesem Zusammenhang ist die Frage nach Erstereignis und Folgestörung (Beispiel: Ging der Kokainkonsum der Depression voraus oder folgte er ihr nach?). Hier hat sich u. a. das Konzept der zeitlichen Reihung bewährt: Man spricht von einer primären Suchterkrankung, wenn die Abhängigkeit der komorbiden Störung zeitlich vorausgeht. Im umgekehrten Fall spricht man von einer sekundären Suchterkrankung. Dieses Konzept beschreibt jedoch nur eine zeitliche, keine qualifizierende oder gar ursächliche Verbindung der gleichzeitig vorhandenen Störungen.

Soll hingegen auf eine gewisse Kausalität des Zusammenhangs hingewiesen werden, so ist eine Unterscheidung zwischen unabhängiger und substanzinduzierter Komorbidität möglich. »Substanzinduziert« würde hier bedeuten, dass die psychische Begleiterkrankung in der unmittelbaren Folge des Kokainkonsums aufgetreten ist und unter Abstinenz auch wieder verschwindet. Vergara-Moragues et al. (2012) untersuchten nach diesem Konzept 227 Kokainabhängige aus verschiedenen Therapieeinrichtungen. Für die Diagnosefindung verwendeten sie ein validiertes Instrument, das »Pschiatric Research Interview für Substance and Mental Disorders (PRISM«). Eine komorbide Störung fanden sie bei 65 % der Patienten. Substanzinduzierte affektive (21,6 %) und substanzinduzierte psychotische Störungen (11,5 %) waren dabei deutlich häufiger anzutreffen als unabhängige affektive (12,3 %) bzw. psychotische Störungen (7,5 %). Die gleiche Arbeitsgruppe veröffentlichte zwei Jahre später eine weitere Untersuchung zur Komorbidität bei Kokainabhängigen (González-Saiz et al. 2014). Die dabei gefundenen Auftretenshäufigkeiten von psychischen Erkrankungen werden in Tabelle 5.3 wiedergegeben.

Tab. 5.3: Psychiatrische Komorbidität bei Kokainabhängigen (N = 218) (González-Saiz et al. 2014)

Komorbide Störung	%
Mindestens eine zusätzliche psychische Störung	57.8
Achse-I-Störung	41.7
Affektive Störung	20.2
substanzunabhängig	6.4
substanzinduziert	13.8
Angststörung	15.6
substanzunabhängig	12.8
substanzinduziert	4.1
Psychotische Störung	17.0
substanzunabhängig	7.3
substanzinduziert	9.6
Achse-II-Störung	29.4
Antisoziale Persönlichkeitsstörung	21.1
Borderline-Persönlichkeitsstörung	13.8

Wenn eine weitere psychische Störung vorliegt, hat dies u. a. therapeutische Konsequenzen. So ist die Komorbidität beispielsweise mit einem statistisch signifikant erhöhten Risiko für Behandlungsabbrüche und damit auch mit einem schlechteren Behandlungsergebnis verbunden. Dieses Risiko lässt sich quantifizieren: In der o. g. Untersuchung bedeutete Komorbidität für die Kokainabhängigen ein um 61 % höheres Risiko (hazard ratio = 1.61), die Behandlung vorzeitig zu beenden, im Vergleich zu Kokainabhängigen ohne Komorbidität (González-Saiz et al. 2014).

Hat Komorbidität einen Einfluss auf die Schwere einer Kokainabhängigkeit? Ford et al. (2009) untersuchten dazu 449 kokainabhängige Personen. Sie konnten die Frage für mehrere komorbide Störungen bejahen, so z. B. für die bipolare affektive Störung und für die antisoziale Persönlichkeitsstörung. Beide Erkrankungen waren verbunden mit langen Perioden schweren Kokainkonsums. Eine signifikant schwerere Kokainabhängigkeit fand sich aber auch bei Patienten mit einer zusätzlichen Alkohol- oder Opioidabhängigkeit. Eine zusätzliche Abhängigkeit von Cannabis war hingegen mit einer weniger schweren Form von Kokainabhängigkeit assoziiert. Schließlich fanden die Autoren auch noch einen Einfluss der Komorbidität auf die Wahrscheinlichkeit, dass sich die Kokainabhängigen in ein Therapieprogramm oder eine Selbsthilfegruppe begaben (Ford et al. 2009).

Zusammenfassend lässt sich festhalten, dass etwa jeder zweite Kokainabhängige, der sich in Behandlung begibt, unter einer weiteren psychischen Erkrankung (Komorbidität) leidet. Am häufigsten handelt es sich dabei um affektive, psychotische oder Angsterkrankungen sowie um Persönlichkeitsstörungen. Die affektiven und psychotischen Erkrankungen sind mehrheitlich kokaininduziert, jedoch zu einem nicht unerheblichen Teil auch unabhängig vom Kokainkonsum. Eine psychische Komorbidität ist bei Kokainabhängigen mit vorzeitiger Therapiebeendigung und einem schlechteren Behandlungsergebnis verbunden.

Aufmerksamkeitsdefizit-/Hyperaktivitätsstörung

Die Aufmerksamkeitsdefizit-/Hyperaktivitätsstörung (ADHS) nimmt unter den komorbiden Störungen eine besondere Stellung ein, da sie bereits im Kindesalter beginnt und daher dem ersten Kokainkonsum um Jahre vorausgeht. Das Krankheitsbild ist häufig, seine Prävalenz vor dem 18. Lebensjahr liegt bei etwa 4 %. Bei etwa der Hälfte der Kinder und Jugendlichen persistieren die Symptome auch nach dem 18. Lebensjahr. Die Prävalenz des ADHS bei Erwachsenen liegt demnach bei ca. 2 %.

Die Kardinalsymptome der ADHS im Kindesalter sind die beeinträchtigte Aufmerksamkeit und die exzessive Ruhelosigkeit mit Störung des Sozialverhaltens. Beide Symptome sind für die Diagnosestellung notwendig und beide können mit schweren Befindlichkeits- und Funktionsbeeinträchtigungen einhergehen.

Für die Diagnosestellung nach dem 18. Lebensjahr muss der Nachweis erfolgen, dass die Störung bereits im Kindesalter begonnen hat. Das Diagnostische und Statistische Manual Psychischer Störungen (DSM-5) fordert sogar: »Mehrere Symptome der Unaufmerksamkeit oder der Hyperaktivität-Impulsivität treten bereits vor dem Alter von 12 Jahren auf« (DSM-5, 2015). Zusätzlich zur Aufmerksamkeitsstörung und zur motorischen Hyperaktivität können bei Erwachsenen folgende Charakteristika auftreten: rasche reaktive Stimmungswechsel (Affektlabilität), desorganisiertes Verhalten, mangelhafte Affektkontrolle, emotionale Überreagibilität und Impulsivität (Ebert et al. 2003). Auch im Erwachsenenalter kann eine ADHS mit schweren Befindlichkeits- und Funktionsbeeinträchtigungen einhergehen.

Im Zusammenhang mit der Kokainabhängigkeit ist die Diagnose eines ADHS in vielerlei Hinsicht bedeutsam. Zum einen findet man eine ADHS bei Kokainabhängigen ungleich häufiger (bis zu 25 %; Daigre et al. 2013) als in der erwachsenen Allgemeinbevölkerung (2 %). Des Weiteren ist bei dieser Komorbidität (im Gegensatz zu den meisten anderen) die zeitliche Reihenfolge eindeutig: die ADHS beginnt im Kindesalter (Diagnosestellung zwischen dem 4. und 11. Lebensjahr), der erste Kokainkonsum erfolgt meist in der Adoleszenz oder im frühen Erwachsenenalter. Es handelt sich bei dieser Komorbidität demnach um eine (primäre) ADHS mit einer sekundären Kokainabhängigkeit.

Weitere Aspekte kommen hinzu: ADHS stellt einen der stärksten Risikofaktoren für die Entstehung einer Kokainabhängigkeit dar. Kinder mit der Diagnose einer ADHS haben ein etwa doppelt so hohes Risiko, kokainabhängig zu werden, als Kinder ohne ADHS (Lee et al. 2011). Offensichtlich gibt es sogar einen gemeinsamen genetischen Faktor, der die ADHS und Suchterkrankungen ursächlich miteinander verknüpft (Skoglund et al. 2015). Die medikamentöse Behandlung mit Stimulanzien, wie z. B. Methylphenidat, ist eine Standardtherapie der ADHS. Der Konsum des ebenfalls stimulierenden Kokains wird deshalb häufig im Sinne einer Selbstmedikation interpretiert. Reduziert es daher das Risiko, kokainabhängig zu werden, wenn Kinder mit einer ADHS rechtzeitig mit Methylphenidat behandelt werden (protektiver Effekt) – oder ist das Gegenteil der Fall? Erhöht die Gabe von Stimulanzien an Kinder deren Risiko für eine Kokainabhängigkeit (Sensitivierung)? Eine Metaanalyse aus 15 Studien mit 2.565 Patienten ergab, dass das Risiko für eine Suchterkrankung durch die Behandlung mit Stimulanzien weder in die eine noch in die andere Richtung verändert wird (Humphreys et al. 2013). Eine medikamentöse Behandlung der ADHS mit Stimulanzien scheint daher unbedenklich für das Entstehungsrisiko einer Kokainabhängigkeit.

Die ADHS ist eine der häufigsten Komorbiditäten bei Patienten mit einer Kokainabhängigkeit. Sie geht der Suchterkrankung nicht nur zeitlich voraus, sondern scheint auch ursächlich mit ihr verknüpft zu sein. Sie stellt einen Vulnerabilitätsfaktor dar, der bei Betroffenen das Risiko für eine Kokainabhängigkeit verdoppelt. Die medikamentöse Behandlung mit Stimulanzien scheint weder risikoerhöhende noch risikoreduzierende Konsequenzen im Hinblick auf die Entstehung einer Kokainabhängigkeit zu haben. Allerdings geht die ADHS mit einem schwereren Verlauf und einem schlechteren Behandlungsergebnis der Kokainabhängigkeit einher (Vergara-Moragues et al. 2013). Die ADHS ist häufig mit einer weiteren Komorbidität vergesellschaftet, mit der Störung des Sozialverhaltens.

Störung des Sozialverhaltens mit Beginn in der Kindheit

Auch die »Störung des Sozialverhaltens« (ICD-10: F91) beginnt im Kindesalter und geht mit einem erhöhten Suchtrisiko im späteren Erwachsenenalter einher (Fergusson et al. 2003). Sie ist charakterisiert »durch ein sich wiederholendes und andauerndes Muster dissozialen, aggressiven oder aufsässigen Verhaltens [...]. In seinen extremsten Auswirkungen beinhaltet dieses Verhalten gröbste Verletzungen altersentsprechender sozialer Erwartungen« (ICD-10).

Kinder, die unter einer Störung des Sozialverhaltens leiden, sind ungehorsam, geraten leicht und heftig in Wut, tyrannisieren andere, neigen zu Streit und grausamen Verhalten gegenüber anderen Menschen, quälen Tiere, stehlen, rauben, legen Feuer, lügen, schwänzen die Schule oder laufen von zu Hause weg. In ca. 40 % der Fälle persistieren diese Symptome auch nach dem 18. Lebensjahr und werden dann als dissoziale bzw. antisoziale Persönlichkeitsstörung diagnostiziert (Gelhorn et al. 2007).

ADHS und die Störung des Sozialverhaltens kommen bei ein und demselben Patienten häufig gemeinsam vor (Komorbidität). Beide Störungen sind überzufällig häufig mit einer Kokainabhängigkeit vergesellschaftet. Eine neue Metaanalyse lässt jedoch den Verdacht aufkommen, dass es nicht die ADHS sein könnte, die das Risiko für eine Kokainabhängigkeit erhöht, sondern nur jene Fälle, in denen die ADHS mit einer komorbiden Störung des Sozialverhaltens einhergeht (Serra-Pinheira et al. 2013).

Die Störung des Sozialverhaltens geht der Kokainabhängigkeit zeitlich voraus, d. h. es handelt sich hier um eine sekundäre Kokainabhängigkeit, auch wenn mit Beginn des 18. Lebensjahrs die Störung des Sozialverhaltens in eine antisoziale Persönlichkeitsstörung (ASPS) umbenannt wird.

Die ASPS geht mit einer schwereren Form und mit schlechteren Behandlungsergebnissen der Kokainabhängigkeit einher (Grella et al. 2003, Mariani et al. 2008). Abhängige mit einer antisozialen Persönlichkeitsstörung haben außerdem ein höheres Risiko für intravenösen Konsum und die damit verbundenen Risiken (Kelley et al. 2000).

> **Merke**
> Eine Kokainabhängigkeit geht oftmals mit weiteren psychischen Erkrankungen einher. Am häufigsten sind dies: affektive Störungen, Angsterkrankungen und Psychosen. Unter den Persönlichkeitsstörungen sind es die antisoziale und die Borderline-Persönlichkeitsstörung, welche gehäuft mit einer Kokainabhängigkeit zusammen auftreten. Die Aufmerksamkeitsdefizit-/Hyperaktivitätsstörung (ADHS) und die Störung des Sozialverhaltens beginnen in der Kindheit. Beide erhöhen das Risiko für die Entstehung einer späteren Kokainabhängigkeit.

5.4 Kokain als Leistungsdroge

Die zentral stimulierende Wirkung des Kokains hat dessen Ruf als »Leistungsdroge« mitbegründet. Tatsächlich gelingt es unter dem Einfluss von Kokain, länger wach zu bleiben oder eine Nacht lang durchzuarbeiten. Hunger und Müdigkeit verschwinden, Stresssituationen werden besser gemeistert. Auch das Denken gelingt schneller und assoziativer. Aber führt dies auch zu einer qualitativen Verbesserung der Denkleistung?

Dass die Betreffenden dies selbst so erleben, reicht als Objektivierung nicht aus. Konsumenten unter Kokain sind euphorisch, haben ein gesteigertes Selbstwertgefühl und neigen zur Selbstüberschätzung. Sie denken schneller, aber denken sie auch besser? Lässt sich die positive Selbsteinschätzung als eine auch qualitativ gesteigerte Denkleistung objektivieren? Experimentelle Untersuchungen an Rhesusaffen können dazu erste Hinweise liefern:

In einem Experiment zur Untersuchung der Kokainwirkung auf die Denkleistung von Primaten wurden Rhesusaffen für eine anspruchsvolle kognitive Aufgabe trainiert (Erkennen und Lokalisieren von Gegenständen in steigender Anzahl). Wenn sie die Aufgabe beherrschten, wurde ihnen Kokain in verschiedenen Dosierungen intravenös verabreicht. Das Ergebnis zeigte einen eindeutigen Zusammenhang: Je höher die Dosierung an Kokain, desto schlechter wurde die Denkleistung der Tiere (Porrino et al. 2013).

An Menschen lassen sich aus ethischen Gründen solche Versuche nicht durchführen. Aber auch hier gibt es deutliche Hinweise darauf, dass Kokain die qualitative Denkleistung nicht verbessert.

Kokain und kognitive Leistungsfähigkeit

Der Begriff der »kognitiven Leistungsfähigkeit« ist wegen seines uneinheitlichen Gebrauchs umstritten. Er wird hier dennoch verwendet, weil es im vorliegenden Buch nicht um Kognitionswissenschaft, sondern um Kokainabhängigkeit geht und weil in diesem Zusammenhang die Unschärfe des Begriffs weitaus nützlicher als nachteilig ist. Denn die wissenschaftlichen Studien zur mentalen, neurokognitiven, geistig-zerebralen oder wie auch immer genannten Leistungsfähigkeit des Gehirns von Kokain konsumierenden Personen sind heterogen und ihre Ergebnisse dadurch schwer vergleichbar. Sie lassen sich am verständlichsten darstellen, indem sie unter einem zwar unscharfen, aber umfassenden Sammelbegriff erläutert werden.

Unter der kognitiven Leistungsfähigkeit versteht man üblicherweise eine Denkleistung, in die alle Formen des Erkennens, des Wissens und der internen Informationsverarbeitung einfließen. Sie umfasst jene wahrnehmungsverarbeitenden zerebralen Prozesse, die mit dem Lernen, Urteilen, Planen, Entscheiden, Interpretieren, Problemlösen, Konzentration, Aufmerksamkeit, Gedächtnis, Abstraktion, Schlussfolgern, Sprachverstehen, Sprachproduktion, visuellem Erkennen usw. zu tun haben. Voraussetzung für eine optimale kognitive Leistungsfähigkeit sind die funktionierenden Strukturen eines gesunden Gehirns. Langjähriger Kokainkonsum kann das Gehirn auf vielfältige Art und Weise schädigen und dadurch die kognitive Leistungsfähigkeit verschlechtern. Dieser Befund ist durch wissenschaftliche Untersuchungen wiederholt belegt (Hester et al. 2004, Filmore et al. 2002). Diese Verschlechterung der kognitiven Leistungsfähigkeit kann zum einen an der Substanz selbst liegen. Kokain verengt z. B. die Arterien und verringert dadurch die Blutversorgung des Gehirns und als »Stressor« führt es zu strukturellen Veränderungen, die sonst erst im höheren Lebensalter auftreten. Zum anderen mag dies aber auch daran liegen, dass Drogenkonsumenten außer Kokain häufig noch weitere psychotrope Substanzen (z. B. Alkohol, Nikotin) konsumieren oder ganz allgemein weniger auf ihre Gesundheit achten. Es ist also beim Menschen nicht immer leicht zu unterscheiden, ob eine Verringerung der kognitiven Leistungsfähigkeit nach jahrelangem Konsum speziell dem Kokain oder aber den ungesunden Begleitumständen geschuldet ist.

Simon et al. (2002) untersuchten 40 Kokain- und 40 Methamphetaminkonsumenten im Vergleich zu 80 Kontrollpersonen ohne Stimulantienmissbrauch. Alle Probanden mussten sich einer umfangreichen Reihe kognitiver Leistungstests unterziehen. Sowohl die Kokain- als auch die Methamphetaminkonsumenten schnitten dabei deutlich schlechter ab als die gesunden Vergleichspersonen.

Langjähriger Kokainkonsum scheint auch die sog. Exekutivfunktionen (z. B. Handlungsplanung, Handlungssteuerung, zielgerichtetes Koordinieren, Steuerung der Impulskontrolle) zu beeinträchtigen (Verdejo-Garcia et al. 2005). Voraussetzungen für intakte Exekutivfunktionen sind ein unbeschädigtes Frontalhirn und dessen ausbalancierte Zusammenarbeit mit den neuronalen Regelkreisen der Basalganglien. Gerade diese Strukturen scheinen aber besonders vulnerabel gegenüber einer hirnschädigenden Kokainwirkung zu sein (▶ Kap. 5.2 Kokain und das Gehirn).

Holst und Schilt (2011) analysierten die Ergebnisse von Studien, welche die neuropsychologische Leistung bei Drogenabhängigen, u.a. auch bei Kokainabhängigen, untersuchten. Auch hier fanden sich studienübergreifend deutliche kognitive Leistungseinbußen bei Kokainkonsumenten im Vergleich zu gesunden Kontrollpersonen.

Bessern sich diese Defizite unter Abstinenz? Es gibt einige Untersuchungen, die das verneinen oder zumindest relativieren. Pace-Schott et al. (2008) führten bei 17 Kokainabhängigen verschiedene kognitive Leistungstests durch. Untersucht wurden die Probanden sowohl unter Konsum- als auch unter Abstinenzbedingungen. In keinem der Tests lagen die Kokainabhängigen über den (alters- und geschlechtsbezogenen) Normwerten, in Teilen jedoch deutlich darunter (z. B. Aufmerksamkeit). Am schlechtesten schnitten die Kokainabhängigen während der abstinenten Phasen ab.

Andere Untersuchungen kamen zu vergleichbaren Ergebnissen. Es scheint so zu sein, dass die kognitiven Leistungsdefizite, wie sie nach langjährigem Konsum auftreten, auch unter Kokainabstinenz weiterhin bestehen bleiben können (Hanlon et al. 2011, Tomai et al. 2007, Bolla et al. 2004). Weiterführende Informationen zu Leistungsdrogen allgemein bieten Diana Moesgen und Michael Klein im Band »Neuroenhancement« aus dieser Buchreihe.

Kokain und Kreativität

Noch schwieriger als die Untersuchung des Einflusses von Kokain auf die kognitive Leistungsfähigkeit ist es, seinen Einfluss auf die Kreativität zu untersuchen. Wissenschaftliche Untersuchungen existieren dazu nicht. Deshalb sei hier eine Untersuchung über ein anderes Rauschmittel zitiert, die Hinweise geben könnte. Lapp und Mitarbeiter untersuchten den Einfluss von Alkohol auf die Kreativität. Sie fanden heraus, dass Alkohol keinen pharmakologischen Einfluss auf die Kreativität hatte, sie also auch nicht steigerte. Verbessert wurde die Kreativität der Versuchspersonen jedoch unter Placebo, d.h. in dem Glauben, Alkohol getrunken zu haben (Lapp et al. 1994).

5.4 Kokain als Leistungsdroge

Es ist nicht auszuschließen, dass für Kokain ein ähnlicher Zusammenhang gilt. Eine durch Kokain überhöhte Selbsteinschätzung muss nicht mit einer tatsächlich verbesserten kreativen Leistung einhergehen. Und das gerade in Künstlerkreisen kolportierte Image des Kokains als Mittel zur Kreativitätsförderung mag einen nicht zu unterschätzenden Placeboeffekt entfalten. Dennoch scheinen Sucht und Kreativität seit Jahrhunderten eine enge Beziehung einzugehen (Smale 2001). Menschen haben vermutlich zu allen Zeiten und in allen Kulturen versucht, mit psychotropen Substanzen ihre künstlerische Kreativität zu steigern. Einige von ihnen haben dafür einen hohen Preis bezahlt (Holm-Hadulla und Bertolino 2013).

Körperliche Leistungsfähigkeit und Sport

Bereits 1559 erlaubte König Philipp II von Spanien den Indios seiner südamerikanischen Kolonien ausdrücklich den Konsum von Kokablättern. Die neuen Kolonialherren machten sich damit die Erfahrung zu Nutze, dass Koka die Arbeitsfähigkeit der versklavten Indios deutlich zu steigern vermochte. Es unterdrückte Hunger und Müdigkeit und steigerte die körperliche Belastbarkeit.

Im 19. Jahrhundert machte Sigmund Freud an sich selbst eine ähnliche Erfahrung. Mit Hilfe eines sog. »Dynamometers« hatte er die Wirkung von Kokain auf seine körperliche Muskelkraft objektiviert. Das Ergebnis beschrieb er folgendermassen: »dagegen scheint mir die Steigerung der Leistungsfähigkeit ein constantes Symptom der Cocawirkung zu sein, und ich habe [...] den Versuch gemacht, die Cocawirkung durch die Veränderung von am Lebenden messbaren Größen [...] messend zu verfolgen [...]. Ich konnte an mir feststellen, dass die Druckkraft einer Hand durch die Einnahme von 0–10g Cocain mur. um 2–4 Kilo, die Druckkraft beider Hände um 4–6 Kilo erhöht wird. [...] Die Steigerung der motorischen Kraft durch Coca tritt plötzlich nach etwa 15 Minuten ein und hält allmälig abnehmend durch 4–5 Stunden an [...]. Die dynamometrisch nachweisbare Steigerung der Muskelkraft durch Cocain darf als endgültige Beglaubigung der Nachrichten über die Cocawirkung bei den Indianern angesehen werden« (Freud 1885). Seither haben zahllose Erfahrungsberichte das Image von Kokain als »Leistungsdroge« weiter verbreitet. Besonders deutlich wurde dies im Leistungssport. Hier findet dieses Thema immer dann ein besonderes öffentliches Interesse, wenn von Doping die Rede ist oder wenn gerade wieder einmal ein populärer Athlet des Kokainkonsums überführt wurde. Die Liste dieser Prominenten ist lang und kann in der Laienpresse nachgelesen werden (Zinkant 2010).

Obwohl Kokain als ein verbotenes Dopingmittel in der Gruppe der Stimulantien gelistet ist, bleibt es eine der am häufigsten gefundenen Substanzen in Doping-Tests (Docherty 2008, Duval 2015). In kleinen Dosen erhöht es die Wachheit und verbessert die Reaktionsschnelligkeit. Es unterstützt Aktivitäten, bei denen es auf einen kurzfristigen Aktivitätsschub ankommt. Längerfristig und in höheren Dosierungen eingenommen überwiegen jedoch die negativen Effekte. So besteht bei Sportlern zum Beispiel die Gefahr des plötzlichen Herztods durch einen kokaininduzierten Myokardinfarkt oder der Überhitzungen aufgrund der durch Kokain gestörten Thermoregulation (Crandall et al. 2002).

Manche Autoren bezweifeln, dass Kokain die körperliche Leistungsfähigkeit dauerhaft zu steigern vermag (Avois et al. 2006). Im Gegensatz zu Anabolika wirkt Kokain nicht direkt an der quergestreiften Muskulatur, sondern mobilisiert deren Kraftreserven über eine zentrale psychomotorische Stimulation. Es verschiebt die Grenze der Ermüdung und ermöglicht dadurch ein längeres, intensiveres Training. Aber dies sind Initialeffekte von kurzer Dauer. Das Problem der Leistungssteigerung mit Kokain ist dessen kurze Wirkungszeit, die rasche Entwicklung einer Toleranz mit Dosissteigerung und die damit einhergehenden negativen Folgen (▶ Kap. 5.2 Gesundheitliche Folgen des Kokainkonsums).

Kokain steigert das Selbstbewusstsein, es reduziert Selbstzweifel und nimmt die Furcht vor dem Versagen. Deshalb kann die

Kokainwirkung besonders dann attraktiv erscheinen, wenn Sportler es mit einem sog. Angstgegner zu tun haben, d. h. wenn es neben der körperlichen Leistung vor allem auf Selbstvertrauen und Siegesgewissheit ankommt und der Glaube an die eigene Überlegenheit zum entscheidenden Vorteil wird.

Diese Wirkung des Kokains ist selbstverständlich nicht ausschließlich auf menschliche Athleten beschränkt. Auch tierischen »Leistungssportlern« wurde versucht, mit Kokain zum Sieg zu verhelfen. So tauchen z. B. immer wieder Berichte über Kokain im Pferderennsport auf. Rennpferde müssen sich daher ebenfalls Doping-Tests unterziehen (Taddei et al. 2011).

McKeever et al. (1993) untersuchten die Wirkung einer geringen (50 mg) und einer hohen Kokaindosis (200 mg) auf die körperliche Leistungsfähigkeit von Pferden. Dazu wurden die Tiere auf einer Art Laufband einer zunehmenden Belastung ausgesetzt. Keine der beiden Kokaindosen war jedoch in der Lage, die maximale Arbeitsleistung der Versuchstiere zu verändern. Allerdings könnte die Zeit bis zum Auftreten von Erschöpfungserscheinungen mit der hohen Kokaindosis signifikant verlängert werden (McKeever et al. 1993).

In Aufsehen erregender Weise verfehlte im Jahr 2014 eine Online-Petition in Belgien die notwendige Stimmenzahl. Tierschützer hatten versucht, den Staat zu einer Gesetzesinitiative zu veranlassen, mit der die Gabe von Kokain an Sporttauben verboten werden sollte (»Stop giving birds cocaine and other drugs to win Belgian pigeon races«). Offensichtlich hatten ehrgeizige Taubenzüchter wiederholt versucht, ihren Tieren durch Kokain-Doping zum Wettkampfsieg zu verhelfen (Doward 2014).

Kokain und Sexualität

Die allgemein stimulierende, Hemmungen abbauende und die Kontaktfreudigkeit erhöhende Wirkung des Kokains erleichtert sexuelle Kontakte. Darüber hinaus soll Kokain aber auch spezifisch das sexuelle Erleben intensivieren und das Lustempfinden steigern. Inwieweit hier eine sich selbst bestätigende libidinöse Erwartungshaltung (Placebowirkung), das notorische Image der Droge als Aphrodisiakum (Legendenbildung) und eine tatsächlich die sexuelle Lust steigernde, lustverlängernde Kokain-Eigenwirkung (Verumeffekt) zusammenspielen, mag im Einzelfall schwer auseinander zu halten sein. Bereits in der älteren wissenschaftlichen Literatur wurde darauf hingewiesen, dass Kokain die Libido zu steigern, den Geschlechtsverkehr zu verlängern und den Orgasmus zu intensivieren vermag (Cohen 1975). Zur Legendenbildung hat nicht unwesentlich auch die Unterhaltungsliteratur beigetragen, wie z. B. der 1922 erschienene Skandalroman »Kokain« von Pitigrilli.

Speziell von weiblichen Konsumenten wird berichtet, dass der Konsum von Kokain das Gefühl der femininen Sexualität besonders intensiviere. Evidenzbasierte Aussagen lassen sich dazu jedoch nicht machen. Männliche Konsumenten weisen immer wieder auf die erektionssteigernde Wirkung des Kokains hin. Evidenzbasierte Ergebnisse hierzu gibt es allenfalls aus Tierversuchen. Im Tiermodell ist es gelungen, bei männlichen Ratten den Druck im Corpus cavernosum penis (Schwellkörper) zu messen. Mit dieser Methode können die Stärke und die Dauer einer Erektion objektiviert werden. Kokain, lokal in verschiedenen Dosierungen in den Schwellkörper eingebracht, führte dosisabhängig zu einer Zunahme sowohl der Stärke als auch der Dauer der Erektion (Chan et al. 1996).

Zwar mag die direkte Injektion von Kokain in den penilen Schwellkörper keine attraktive Maßnahme sein, dennoch wird von solchen Fällen berichtet (Mireku-Boaten und Tasie 2001). Besser erscheint da die lokale Anwendung über die Haut. Aber auch sie birgt Gefahren. Mehrere Fälle von Priapismus (ein urologischer Notfall in Form einer schmerzhaften Dauererektion, die nicht mit sexueller Erregung einhergeht) wurden berichtet (Altman et al. 1999). Außerdem kann die blutgefäßverengende Wirkung des Kokains bei lokaler Anwendung zu Penisnekrosen führen (Carey und Dinsmore 2004).

Bellis et al. (2008) untersuchten den Zusammenhang zwischen Drogenkonsum und Sexualverhalten von 1.341 Personen (Alter zwischen 16 und 35 Jahren) in neun europäischen Städten. Sie fanden u. a. heraus, dass frühe sexuelle Erfahrungen und früher Kokainkonsum (beides vor dem 16. Lebensjahr) miteinander assoziiert waren. Speziell der Konsum von Kokain war außerdem mit Promiskuität assoziiert.

Gefragt wurde in dieser Studie u. a. nach der Verlängerung und der Intensivierung des sexuellen Erlebens, nach der Erleichterung der Kontaktaufnahme sowie nach der Verwendung der Drogen für außergewöhnliche/besonders aufregende sexuelle Aktivitäten. Dabei stellte sich heraus, dass alle Substanzen (Alkohol, Cannabis, Kokain, Ecstasy) für diese Zwecke eingesetzt wurden, z. T. aber mit signifikanten Unterschieden. So wurde z. B. der Alkohol in erster Linie dazu verwendet, um die Kontaktaufnahme zu verbessern, wohingegen Kokain (im Vergleich zu den anderen Substanzen) am häufigsten dazu verwendet wurde, um die Dauer des sexuellen Erlebens zu verlängern und um seine Intensität zu erhöhen. Außerdem wurde Kokain häufiger als andere Drogen dafür verwendet, um außergewöhnliche, besonders aufregende sexuelle Aktivitäten zu erleben (Bellis et al. 2008).

Der gezielte Einsatz von Kokain, um sexuell Außergewöhnliches, besonders Aufregendes zu erleben, geht einher mit einer erhöhten Risikobereitschaft. Diese äußert sich bei Kokainkonsumenten u. a. in promiskuitivem Verhalten, in vermehrt auftretendem ungeschütztem Geschlechtsverkehr sowie häufigeren Geschlechtskrankheiten (Cavazos-Rehg et al. 2009).

Dass Kokain, insbesondere Crack-Kokain, häufig von männlichen und weiblichen Prostituierten benutzt wird, ist gut dokumentiert. So untersuchten beispielsweise Maranda und Mitarbeiter den Zusammenhang zwischen Crack/Kokainkonsum und der Anzahl der Sexualpartner an einer Gruppe von 4.939 Personen. Sowohl der Konsum von Crack als auch der von Kokain waren für beide Geschlechter positiv assoziiert mit Prostitution sowie mit der Anzahl an Sexualpartnern (Maranda et al. 2004).

Zusammenfassend lässt sich feststellen, dass das notorische Image von Kokain als Aphrodisiakum viel zu dessen Attraktivität beiträgt. Seine stimulierende Wirkung erleichtert sexuelle Kontakte und verringert die gerade auf diesem Gebiet nicht zu unterschätzenden Hemmungen. Für die spezifisch luststeigernden, lustverlängernden und orgasmusintensivierenden Wirkungen des Kokains gibt es eine große narrative, aber keine wissenschaftliche Evidenz. Dass diese Wirkungen von Konsumenten mitunter in begeisterter Weise überzeichnet werden, fördert die Legendenbildung.

Kokain und Stress

Der Begriff »Stress« ist weit gefasst. Hier, in Bezug auf den drogenabhängigen Menschen, soll er im Sinne einer »Beanspruchung« verstanden werden, als eine (akute oder chronische) Belastung durch äußere oder innere Reize (»Stressoren«), die eine körperliche und/oder psychische Wirkung entfaltet und die als positiv oder negativ empfunden werden kann. Bestimmte Ereignisse oder Bedingungen (»Stimuli«) bewirken ein Missverhältnis (»Diskrepanz«) zwischen den Anforderungen der Umwelt und den Möglichkeiten des Individuums. Dies führt zu einer physiologischen Reaktion des Organismus und gegebenenfalls zu einer sekundären Bewältigungsreaktion (»Coping«) des Individuums, z. B. zum Konsum von Kokain.

Der Zusammenhang zwischen Stress und Drogenkonsum ist evident. Er wird durch Berichte ebenso belegt wie durch experimentelle Untersuchungen und epidemiologische Studien. Vermutlich sind auch manche Rückfälle Kokainabhängiger durch Stress ausgelöst. Stress und Drogenkonsum stehen in einem wechselseitigen Verhältnis.

Einerseits kann ein erhöhter Stress (z. B. Arbeitsbelastung) zu einem vermehrten Kokainkonsum i. S. der oben genannten rasch wirksamen Bewältigungsreaktion führen. Jobes und Mitarbeiter entwickelten dazu ein experimentelles Design. Unter standardisierten Bedingungen setzten sie 59 Kokainkonsumenten verschiedenen (imaginierten) Situationen aus, die sich durch ein unterschiedliches Stressniveau auszeichneten. Eine davon war die unangenehme Vorstellung, die Versuchsperson sei beim Zahnarzt. Die Probanden reagierten auf diese Stresssituation mit einer signifikanten Zunahme ihres Kokainverlangens (Jobes et al. 2011). Andererseits kann wiederholter Kokainkonsum zu spezifischen Problemen führen, die ihrerseits eine Belastung darstellen. Die häufigsten Ursachen für diesen negativen Stress sind soziale Probleme (z. B. Verlust des Arbeitsplatzes, Verlust des Führerscheins, Schulden, Partnerschaftsprobleme, Auseinandersetzungen mit der Justiz), psychische Probleme (Schlafstörungen, Depression, Suizidalität) sowie gesundheitliche Probleme (▶ Kap. 5.2 Gesundheitliche Folgen des Kokainkonsums).

Dass stressauslösende Lebensereignisse sich auf den Drogenkonsum einer Person auswirken können, scheint auch für das Kokain zu gelten. So fanden beispielsweise Mahoney et al. (2013) bei einer Gruppe von 239 Kokainkonsumenten heraus, dass eine höhere Stressbelastung (»lifetime stress«) mit einer stärkeren Abhängigkeit einherging. Wie lässt sich dies erklären?

Wird ein Ereignis vom Gehirn als »Stress« gewertet, löst dies über das limbische System eine hormonelle Stressreaktion aus. Es kommt zur vermehrten Freisetzung von Katecholaminen (Adrenalin, Noradrenalin) und Glucocorticoiden (Cortisol, Corticosteron). Am besten untersucht ist die Hormonkaskade über die sog. Hypothalamus-Hypophysen-Nebennierenrinden-Achse (Sarnyai et al. 2001). Am Ende dieser Kaskade steht die Freisetzung der Stresshormone Cortisol und Corticosteron aus der Nebennierenrinde und deren regelkreisförmige Rückwirkung auf den Hypothalamus im Sinne einer negativen Feedbackschleife.

Kokain stimuliert diese hormonelle Stressachse (Goeders 2002). In Tierversuchen konnte gezeigt werden, dass Kokain, wenn es in steigender Dosis experimentell verabreicht wurde, dosisabhängig zu einem Anstieg von Corticosteron im Plasma führte. Der Gipfel dieser Hormonausschüttung wurde ca. 30 min nach Kokaingabe erreicht (Borowsky und Kuhn 1991). Dabei wurde die hormonelle Stressreaktion in Gang gesetzt durch die Wirkung des Kokains auf die Freisetzung von Corticotropin-Releasingfaktor (CRF) im Hypothalamus, die »oberste Instanz« der hormonellen Stressachse. ACTH wird in sog. »Mikropulsationen« mit einer Frequenz von ca. 2–3 Pulsationen pro Stunde freigesetzt. Bei Rhesusaffen führte die intravenöse Injektion von Kokain zu einer Zunahme der ACTH- und Kortisol-Freisetzung über eine Zunahme der Amplitude dieser Pulsationen. Ihre Frequenz blieb unverändert (Broadbear et al. 1999). Auch beim Menschen führt (sowohl der intravenöse als auch der intranasale) Konsum von Kokain zu einem Anstieg des Plasma-Kortisolspiegels (Baumann et al. 1995, Heesch et al. 1995), diese Reaktion erfolgt ebenfalls über eine Zunahme der Amplitude und nicht der Frequenz der ACTH-Mikropulsationen (Teoh et al. 1994).

Stress löst im Köper eine hormonelle Reaktion aus, die durch Kokain in ähnlicher Weise imitiert werden kann. Vermutlich können Kokainkonsumenten diesen Effekt mit Kokain gezielt herbeiführen. Sie lösen damit die physiologische Stress-Reaktionskaskade ihres Organismus aus i. S. einer (kokaininduzierten) Bewältigungsreaktion.

6

Ätiologie/Integrativer interdisziplinärer Ansatz

Zwar könnte jeder Mensch kokainabhängig werden, doch gibt es zahlreiche Faktoren (genetische, psychosoziale, umgebungsbedingte), welche die Wahrscheinlichkeit dafür erhöhen. Sie steigern das Risiko, indem sie das Individuum besonders »vulnerabel«, d. h. verletzlich machen und werden deshalb als »Vulnerabilitätsfaktoren« bezeichnet (Bedingungen, welche das Gegenteil bewirken, also das Risiko für eine bestimmte Erkrankung senken, nennt man »protektiv«).

Tab. 6.1: Faktoren, die das Risiko für eine Kokainabhängigkeit erhöhen bzw. verringern (Volkow 2014)

Vulnerabilitätsfaktoren	Protektive Faktoren
Aggressives Verhalten in der Kindheit	Gute Selbstbeherrschung
Mangel an elterlicher Betreuung	Elterliche Zuwendung und Unterstützung
Mangelhafte soziale Fertigkeiten	Positive Beziehungen
Experimentieren mit Drogen	Gute schulische Ausbildung
Verfügbarkeit von Drogen in der Schule	Antidrogen-Politik in der Schule
Einkommensschwache Nachbarschaft	Wohlhabende Nachbarschaft

Nach heutigem Verständnis ist es also kein einzelner Faktor, der zur Kokainabhängigkeit führt, sondern das Ergebnis einer Risikokumulation. Analog zu vielen somatischen Krankheiten schwankt dieses Risiko von Person zu Person. Es hängt von der Art und der Menge an Vulnerabilitätsfaktoren ab, die bei einem Menschen zusammenkommen. Je mehr es sind und je stärker sie ihre Wirkung entfalten können, desto größer ist die Wahrscheinlichkeit, dass sich aus einem Kokainkonsum eine Kokainabhängigkeit entwickelt. Formal können diese Risikofaktoren nach verschiedenen Kategorien unterschieden werden. Gebräuchlich ist z. B. eine Unterscheidung nach intra- oder interpersonellen, nach Umwelt-, Vererbungs- oder individuellen Faktoren (▶ Abb. 6.1).

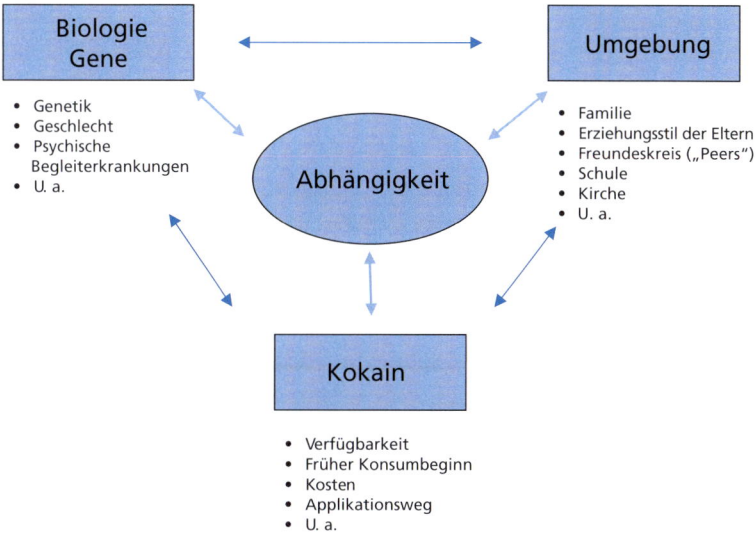

Abb. 6.1: Risikofaktoren, welche die Entstehung einer Kokainabhängigkeit begünstigen

Vererbungsfaktoren

Untersuchungen zum Missbrauch und zur Abhängigkeit von verschiedenen illegalen Drogen konnten zeigen, dass auch die Kokainabhängigkeit familiär gehäuft auftritt. Die Verwandten ersten Grades von Drogenabhängigen müssen mit einem siebenfach erhöhten Risiko rechnen, selbst drogenabhängig zu werden (Merikangas et al. 1998). Dass es sich bei dieser Häufung tatsächlich um einen Vererbungsvorgang und nicht um einen Umweltfaktor handelt (z. B. Lernen am elterlichen Rollenmodel), belegen Zwillings- und Adoptionsstudien.

Da adoptierte Kinder mit ihren Stiefeltern zwar die Umgebung, aber nicht die Gene teilen, lässt sich mit Adoptionsstudien der gemeinsame Einfluss von genetischen und umweltbedingten Einflüssen auf die Entstehung einer Suchterkrankung entflechten. Kinder drogenabhängiger Eltern, die unter den drogenfreien Verhältnissen ihrer Adoptionsfamilie aufgewachsen sind, haben trotz dieser günstigen Umweltbedingungen und obwohl sie ihre leiblichen (drogenabhängigen) Eltern nie kennengelernt haben, ein erhöhtes Risiko, selbst drogenabhängig zu werden (Cadoret et al. 1995, 1986).

Mit solchen Adoptionsstudien kann zwar ein Erziehungseinfluss der leiblichen (drogenabhängigen) Eltern auf das spätere Konsumverhalten der Kinder ausgeschlossen werden, allerdings kann damit nicht der Einfluss eines Kokainskonsums der leiblichen Mutter während der Schwangerschaft kontrolliert werden. Eine solche intrauterine Kokainexposition (Kokain ist als kleines Molekül gut plazentagängig!) geht offensichtlich mit einem erhöhten Risiko einer kindlichen Entwicklungsstörung einher (z. B. verkleinerter Kopfumfang, verringerter IQ, schlechtere Sprachentwicklung, Hyperaktivität u. a.), wie Daten der Toronto Adoptionsstudie belegen (Nulman et al. 2001, Koren et al. 1998). Für das erhöhte Risiko dieser Kinder, selbst kokainabhängig zu werden, könnte insofern nicht nur ein Vererbungsvorgang, sondern auch eine intrauterine toxische Schädigung verantwortlich sein. Mit Zwillingsstudien lässt sich dieser Frage nachgehen.

Bei Zwillingsstudien wird eine Gruppe von eineiigen (»monozygoten«) mit einer Gruppe von zweieiigen (»dizygoten«) Zwillingspaaren verglichen. Da Zwillingspaare üblicherweise in der gleichen Umgebung aufwachsen, eineiige Zwillingspaare jedoch einen identischen (100 %), zweieiige aber nur einen ähnlichen genetischen Code (50 %) besitzen, kann man mit diesem Untersuchungsparadigma herausfinden, wie groß der genetische Einfluss bei bestimmten Krankheiten unter gleichen Umwelt- und Erziehungsbedingungen ist. Dazu untersucht man in einer großen Gruppe von Zwillingspaaren, in wie vielen Fällen beide Zwillinge an der gleichen Krankheit, z. B. an einer Kokainabhängigkeit, erkrankt sind. Ist dies der Fall, d. h. lässt sich bei beiden Zwillingen eines Zwillingspaars eine Kokainabhängigkeit diagnostizieren, so spricht man von »Konkordanz«.

In einer Gruppe von 1.934 weiblichen Zwillingspaaren fanden Kendler und Presott (1998) für die Diagnose »Kokainabhängigkeit« eine Konkordanzrate von 35 % bei eineiigen im Vergleich zu 0 % bei zweieiigen Zwillingen. Für die Diagnose »Kokainmissbrauch« lagen die Konkordanzraten bei 47 % (eineiige Zwillinge) und 8 % (zweieiige Zwillinge). Dieses Ergebnis deutet darauf hin, dass es sowohl für den Kokainmissbrauch als auch für die Kokainabhängigkeit einen deutlichen genetischen Einfluss gibt. Bei männlichen Zwillingspaaren ist der genetische Einfluss auf beide Diagnosen noch größer (van den Bree et al. 1998).

> **Zusammenfassung**
>
> In der Zusammenschau von Ergebnissen aus Familien-, Adoptions- und Zwillingsstudien lässt sich somit feststellen, dass genetische Bedingungsfaktoren eine Rolle spielen. Sie erhöhen das Risiko für eine Kokainabhängigkeit. Hinweis auf eine solche genetisch bedingte Risikoerhöhung kann eine positive Familienanamnese sein, d. h. es gibt Blutsverwandte, die ebenfalls an einer Kokainabhängigkeit erkrankt sind.

In welchem Ausmaß genetische Faktoren zu einer Risikoerhöhung beitragen, lässt sich durch die sog »Erblichkeit« quantifizieren. Die Erblichkeit (»Heredität«) ist ein statistischer Kennwert, der besagt, wie groß der genetische Beitrag zu Unterschieden zwischen Individuen ist (in Bezug auf ein bestimmtes Merkmal, z. B. die Kokainabhängigkeit). Diese Erblichkeit ist abhängig von der Population, die untersucht wurde (bevölkerungsrepräsentative Stichprobe, klinische Inanspruchnahme-Population usw.), aber auch vom Zeitpunkt (genetische Einflüsse nehmen bei Suchterkrankungen mit dem Alter ab).

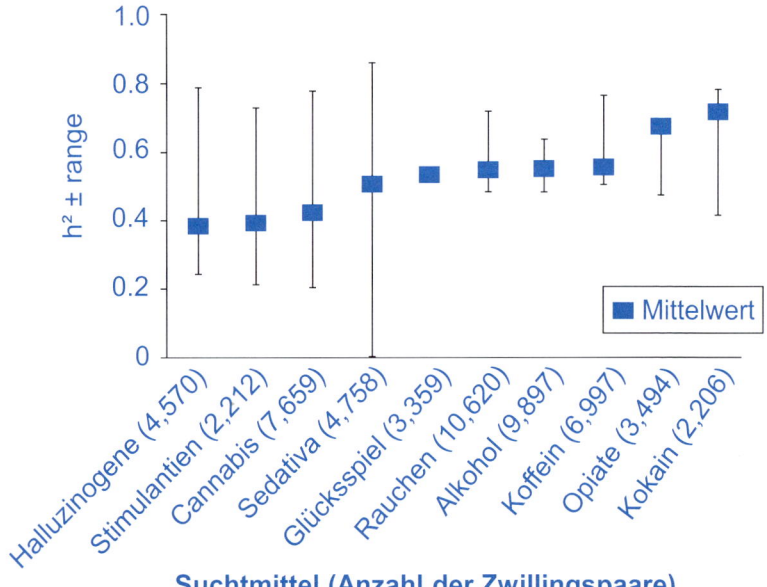

Abb. 6.2: Erblichkeit der Kokainabhängigkeit. Dargestellt ist die »Heritabilität« (Vererbbarkeit, h2) verschiedener Abhängigkeiten. Das Maß »h2« errechnet sich aus Untersuchungen an tausenden von Zwillingspaaren (Anzahl der Paare in Klammern) und liegt zwischen 0 (keinerlei Erblichkeit) und 1 (100% Erblichkeit). Die niedrigste Erblichkeit fand sich für die Abhängigkeit von Halluzinogenen (0.39), die höchste für die von Kokain (0.72) (Ducci et al. 2012)

Molekulargenetische Befunde

Wenn das familiär gehäufte Auftreten von Kokainabhängigkeit genetisch mit verursacht wird, müssten sich auf molekularer Ebene sog. Risikogene identifizieren lassen. Dabei handelt es sich um bestimmte Variationen in der Niederschrift (»Codierung«) der Erbinformation, der DNS (Desoxyribonukleinsäure), welche für die genetische Risikoerhöhung verantwortlich sind. Seit Jahrzehnten wird versucht, solche »Kandidatengene« zu identifizieren. Die Ergebnisse sind aus klinischer Sicht enttäuschend. Einer nahezu unüberschaubaren Fülle angehäufter Einzelbefunde steht ein auffälliger Mangel an relevanten Erkenntnissen gegenüber. Jahrzehnte der psychiatrisch-genetischen Forschung haben auch in Bezug auf die Abhängigkeitserkrankungen noch zu keinem relevanten Durchbruch geführt. Woran liegt das?

Aus genetischer Sicht zählt die Kokainabhängigkeit, wie alle psychiatrischen Störungen, zu den sog. »komplexen Erkrankungen«. Dies bedeutet, dass ihre Vererbungsursache nicht auf ein einzelnes Risikogen zurückgeführt werden kann. Viel wahrscheinlicher ist, dass diese Risikoerhöhung aus dem Zusammenspiel mehrerer Gene als Resultat hervorgeht. Hinzu kommt, dass dieser genetische Einfluss keine Konstante ist, sondern Umwelteinflüssen unterliegt. Etliche Risikogene stehen nämlich mit Umweltfaktoren in einer Wechselbeziehung. Mit anderen Worten, diese Gene beeinflussen nicht nur das Verhalten, sondern werden ihrerseits selbst, in ihrer Funktion und Expression, von Umgebungsfaktoren beeinflusst (Konzept der Gen-Umwelt-Interaktion; Agrawal et al. 2012).

Bei der Kokainabhängigkeit wurden in Assoziationsstudien zahlreiche Risikogene identifiziert, die sich in Nachfolgestudien jedoch nicht bestätigen ließen. Da Kokain seine Wirkung im Gehirn vorwiegend über den Neurotransmitter Dopamin entfaltet (▶ Kap. 4 Pharmakologie und Neurobiologie), hat man mit großer Aufmerksamkeit vor allem solche Gene untersucht, die einen Einfluss auf die Funktion dieses dopaminergen Systems haben. Beispielsweise tauchen immer wieder die genetischen Variationen auf, die bei der Codierung des Enzyms »Dopamin-Beta-Hydroxylase« (DBH) eine Rolle spielen. Die DBH kommt unter anderem im zentralen Nervensystem vor und katalysiert den Abbau des Neurotransmitters Dopamin. Funktionsunterschiede dieses Enzyms, das in verschiedenen Variationen vorkommt, könnten Einfluss auf das Risiko einer Kokainabhängigkeit nehmen, je nachdem, ob eine DBH-Variation vorliegt, die das Dopamin schneller oder langsamer in den Nervenzellen eliminiert (Übersicht: Agrawal et al. 2012).

Geschlecht

Besitzen die beiden Geschlechter ein unterschiedliches Risiko, kokainabhängig zu werden? Schaut man sich die Prävalenz des Kokainkonsums in Europa an, dann rangieren die Zahlen zwischen minimal 0,1 % (Frauen) bzw. 1,2 % (Männer) in Litauen bis zu maximal 7,1 % (Frauen) bzw. 14 % (Männer) im Vereinigten Königreich. In nahezu allen europäischen Ländern übersteigt die Anzahl der männlichen Kokainkonsumenten die der weiblichen um den Faktor zwei oder mehr. Wie viele dieser Konsumenten werden abhängig vom Kokain?

Die deutsche Hauptstelle für Suchtfragen (DHS) bezifferte im Jahr 2011 die Zahl der kokainabhängigen Männer in Deutschland auf 0.2 %, die der kokainabhängigen Frauen auf 0,1 % der Gesamtbevölkerungen (Alter: 15–64 Jahre). Auch hier ist der Anteil der Männer doppelt so groß wie der der Frauen. Das männliche Geschlecht stellt offensichtlich einen Faktor dar, der im Vergleich zu Frauen das Risiko des Konsums und der Abhängigkeit verdoppelt. Allerdings beginnen Frauen sowohl mit dem Konsum als auch mit einer Therapie früher als Männer (Kosten et al. 1993). Nach einer Behandlung bleiben Frauen länger abstinent als Männer (Gallop et al. 2007). Das Voranschreiten vom Konsum hin zu einer Abhängigkeit erfolgt bei Frauen schneller als bei Männern (Brady und Randall 1999). Man spricht vom sog. »Teleskopeffekt« und meint damit einen kürzeren Verlauf bis zur Entstehung der für eine Kokainabhängigkeit typischen körperlichen und psychischen Folgeschäden.

Diese empirischen Befunde decken sich mit den Ergebnissen aus Tierversuchen mit Laborratten. Weibliche Tiere reagieren empfindsamer auf Kokain als männliche. Lässt man die Tiere selbst entscheiden, wie viel Kokain sie konsumieren, wählen die weiblichen in kürzerer Zeit größere Mengen und werden rascher abhängig als die männlichen aus der Vergleichsgruppe. Und nach einer erzwungenen, aber befristeten Abstinenzphase konsumieren die weiblichen Tiere größere Mengen an Kokain als die männlichen (Übersicht: Roth et al. 2004).

Frauen scheinen gegenüber den Wirkungen von Kokain empfindlicher zu sein als Männer. Dies mag u. a. hormonelle Ursachen haben. Die Kokainwirkung unterliegt offensichtlich Schwankungen des weiblichen Zyklus. So sind beispielsweise einige der positiv empfundenen Effekte von Stimulanzien (Euphorie, Begehren, vermehrte Energie) in der östrogenbestimmten Follikelphase (Abschnitt zwischen Menstruation und Eisprung) deutlich ausgeprägter als im zweiten, progesterondominierten Zyklusabschnitt, in der Lutealphase (Justice und De Wit 1999 und 2000).

Im Tierversuch erhöhten Östrogene die Motivation, Kokain zu konsumieren (Becker und Hu 2008). Eine mögliche Erklärung dafür könnte sein, dass die weiblichen Sexualhormone Östrogen und Progesteron u. a. eine Wirkung auf das mesolimbische-mesokortikale dopaminerge System ausüben, also auf jenen Teil des Gehirns, in dem Kokain seine verhaltensverstärkenden neuronalen Effekte entfaltet (Roth et al. 2004). Werden kokainabhängige, aber abstinente Personen kokainbezogenen Schlüsselreizen ausgesetzt, so löst dies bei den Frauen ein stärkeres Kokaincraving aus als bei den Männern (Robbins et al. 1999).

> **Zusammenfassung**
>
> Es lässt sich plausibel vermuten, dass Frauen auf die abhängigkeitserzeugenden Wirkungen von Kokain empfindlicher reagieren als Männer. Mit anderen Worten, während das männliche Geschlecht einen Risikofaktor darzustellen scheint, der die Gefahr für eine Kokainabhängigkeit insgesamt erhöht, scheint das weibliche Geschlecht einen Risikofaktor darzustellen für den schnelleren Verlauf vom Konsum hin zur Abhängigkeit und ihren Folgen.
>
> Alle Befunde, welche in diese Richtung deuten, stammen jedoch aus retrospektiven Untersuchungen, d. h. sie sind hinweisgebend, aber nicht beweisend. Prospektive Untersuchungen fehlen.

Biologische Risikofaktoren

Genetische Vulnerabilitätsfaktoren tragen zu 40–60 % zum Risiko einer Kokainabhängigkeit bei. Dazu zählen auch die Effekte von Umgebungsfaktoren auf die Funktion und Expression von Genen. Eine Rolle spielen des Weiteren das individuelle Entwicklungsstadium. So haben Jugendliche per se ein größeres Risiko als Erwachsene. Und auch der Gesundheitszustand spielt eine Rolle. Menschen mit einer psychischen Erkrankung haben ein größeres Risiko als die allgemeine Bevölkerung.

Umgebungsbedingte Risikofaktoren

Früher Beginn

Der Konsum von Kokain kann in jedem Alter in eine Abhängigkeit münden. Das Risiko ist jedoch umso höher, je früher mit dem Konsum begonnen wurde. Dies mag zum einen am schädlichen Effekt liegen, den Kokain auf das heranreifende Gehirn ausübt und der umso größer ausfällt, je früher das jugendliche Gehirn damit konfrontiert wird. Es mag aber auch daran liegen, dass früher Konsumbeginn überzufällig häufig mit schwierigen Familienverhältnissen, körperlichem oder sexuellem Missbrauch und psychischen Erkrankungen vergesellschaftet ist. Wie immer der Weg in die Sucht führt, es bleibt die Tatsache, dass früher Konsumbeginn einer der stärksten Prädiktoren für zukünftige Probleme mit Kokain, einschließlich einer Abhängigkeit, darstellt.

Soziales Umfeld

Dass ungünstige soziale Umgebungsbedingungen und Kokainkonsum Hand in Hand gehen, ist nicht nur eine häufige Erfahrung, sondern kann durch Untersuchungen belegt werden. So haben beispielsweise Jugendliche, die in einem sozial stark benachteiligten Stadtteil leben, ein über fünffach höheres Risiko, mit Kokain in Kontakt zu kommen, als eine Vergleichsgruppe Jugendlicher aus einem Stadtteil mit hohem sozialem Status (Crum et al. 1996).

Bei erwachsenen Kokainkonsumenten sind in Bezug auf das soziale Umfeld grundsätzlich zwei Beeinflussungsmodelle denkbar. Das erste Modell: ein kokainkonsumierendes Umfeld erhöht das Risiko für eine Person, in diesem Umfeld selbst Kokain zu konsumieren (»social influence theory«). Denkbar wäre jedoch auch folgende Alternative: Ein Kokainkonsument sucht sich selektiv ein soziales Umfeld, das seinen Kokainkonsum, und damit die Entwicklung einer Abhängigkeit, begünstigt (»social selection theory«). Eine Studie, welche beide Theorien vergleichend untersuchte, kam zu dem Ergebnis, dass beide Modelle wirksam sind. Während es sich jedoch beim Modell 1 (das soziale Umfeld begünstigt den Kokainkonsum) um einen langfristig wirksamen Prozess handelt, erklärt das Modell 2 (der Konsument selektiert sein Umfeld) kurzfristig wirksame Vorgänge (Bohnert et al. 2009).

Freunde und Familie

Die Familie und die häusliche Umgebung während der ersten Lebensjahre sind ein Einflussfaktor auf das Risiko eines Kindes, kokainabhängig zu werden. Wenn Eltern oder nahestehende Erwachsene selbst Alkohol und Drogen konsumieren oder sich kriminell verhalten, erhöhen sie dieses Risiko. So deckte beispielsweise eine retrospektive Untersuchung an 61 Kokainabhängigen schwere dysfunktionale Familienverhältnisse in deren Kindheit und früher Jugend auf (Wallace 1990).

Drogenkonsum im Freundeskreis gilt als einer der stärksten Einflussfaktoren, die das Risiko erhöhen. Freunde und sog. »Peers« fungieren als Verhaltensmodelle, die zur Nachahmung anregen. Zusammen mit der Verfügbarkeit einer Substanz gelten drogenkonsumierende Freunde als die stärksten Risikofaktoren (Brower und Anglin 1987).

Höhe des Wohnorts

Stellt die Höhe des Wohnorts einen Risikofaktor für Kokainkonsum dar? Diese Frage untersuchten Fiedler et al. (2012) anhand von Daten aus dem US-amerikanischen »National Survey on Drug Use and Health«. Sie fanden tatsächlich einen statistisch signifikanten Zusammenhang zwischen der Höhe des Wohnorts (gemessen als Meter über dem Meeresspiegel) und dem Kokainkonsum. So war der Kokainkonsum z. B. ab einer Wohnorthöhe von 2.000 m um 34,5 % höher als auf Meereshöhe!

Dieser Zusammenhang blieb auch dann noch bestehen, wenn potentielle Einflussfaktoren auf das Ergebnis (z. B. Alter, Geschlecht, Rasse, Einkommen, Arbeitslosigkeit usw.) statistisch berücksichtigt wurden. Eine mögliche Erklärung für diesen Zusammenhang wäre beispielsweise, dass der Sauerstoffpartialdruck in Höhen über 2.000 m spürbar abnimmt. Dieser »hypoxische Stress« löst im Gehirn bestimmte Reaktionen aus, denen die Kokainwirkung entgegenwirkt (Fiedler et al. 2012). Es wäre dann ein ähnlicher Wirkfaktor wie die bewusste Einnahme von Kokain gegen die Symptome der Höhenkrankheit (▶ Kap. 5.1 Heilwirkungen) und die Höhe des Wohnorts wäre ein Beispiel für einen kokainkonsumwirksamen umgebungsbedingten Risikofaktor.

Risikofaktor Cannabis

Seit vielen Jahrzehnten wird Cannabis als »Einstiegsdroge« bezeichnet. Die Hypothese lautet, dass der Konsum von Cannabis, einer Substanz mit geringem Abhängigkeitspotential, den Weg zum Konsum von Substanzen mit hohem Abhängigkeitspotential begünstigt, d. h. einen Risikofaktor darstellt (»Gateway«-Hypothese).

Um diese Frage zu klären, wurden in einer 25 Jahre dauernden, prospektiv angelegten Studie 1265 Jugendliche im Alter zwischen 14 und 25 Jahren untersucht. Es fand sich ein statistisch signifikanter Zusammenhang zwischen dem Konsum von Cannabis und dem späteren Konsum anderer illegaler Drogen, einschließlich

Kokain. Dieser Zusammenhang blieb auch dann noch bestehen, wenn andere potentiell erklärende Faktoren berücksichtigt wurden.

Es fand sich darüber hinaus auch ein statistisch signifikanter Zusammenhang zwischen dem Konsum von Cannabis und dem späteren Auftreten einer Kokainabhängigkeit. Dieser Zusammenhang war am stärksten während der Adoleszenz und nahm mit zunehmendem Alter ab (Fergusson et al. 2006).

Auch wenn damit noch nichts über die Art und die Stärke dieses Zusammenhangs ausgesagt ist, so scheint der Konsum von Cannabis, insbesondere im Adoleszentenalter, ein Risikofaktor für eine spätere Kokainabhängigkeit zu sein.

Analog zum Cannabis könnte man auch beim Konsum von Tabak die Hypothese aufstellen, dass das Rauchen im Sinne der »Gateway«-Hypothese einen Risikofaktor für einen späteren Drogenkonsum darstellt. Tatsächlich gibt es prospektive Studien, die einen solchen Zusammenhang nahelegen (Ellickson und Morton 1999).

Umgebungstemperatur

Ob die Umgebungstemperatur ein Risikofaktor für die Kokainabhängigkeit ist, wurde bislang noch nicht untersucht. Temperaturabhängig scheint jedoch der Verlauf einer Intoxikation zu sein. So konnten Bohnert et al. (2010) anhand der Mortalitätsdaten von New York City aufzeigen, dass ab einer Umgebungstemperatur von 24°C die Wahrscheinlichkeit einer akzidentellen, tödlich endenden Kokainüberdosierung signifikant ansteigt. Das Risiko einer Kokainintoxikation mit tödlichem Ausgang hängt offensichtlich auch von der Umgebungstemperatur ab.

Komorbidität

Komorbidität (»Begleiterkrankung«, s. Definition unter 5.3) ist ein Risikofaktor par excellence. Manche Komorbiditäten erhöhen das

Risiko, kokainabhängig zu werden, andere gehen mit einer schwereren Form der Abhängigkeit einher oder verschlechtern das Behandlungsergebnis (▶ Kap. 5.3 Komorbidiät mit psychischen Störungen).

> **Merke**
> Die Ursachen von Suchterkrankungen sind multifaktoriell. Das gilt auch für die Kokainabhängigkeit. Faktoren, welche das Entstehungsrisiko erhöhen, nennt man Vulnerabilitätsfaktoren. Dazu zählen u. a. Vererbungsfaktoren, das männliche Geschlecht, ein früher Konsumbeginn, ungünstige soziale Umgebungsbedingungen, Drogenkonsum im Freundeskreis und psychiatrische Komorbidität.

7

Diagnostik

Wenn Suchtexperten unabhängig voneinander die gleichen Patienten untersuchen (z. B. Kokainabhängige), sollten sie zuverlässig zur gleichen Diagnose gelangen. Diese Zuverlässigkeit (Reliabilität) ist ein Gütekriterium für die Verlässlichkeit einer Diagnose, sie lässt sich durch Messungen quantifizieren, z. B. mit dem sog. Kappa-Wert (κ): Kommen verschiedene Suchtexperten unabhängig voneinander bei einer Gruppe von Kokainabhängigen in allen Fällen zur gleichen Diagnose, beträgt die Übereinstimmung 100 %. Dies entspräche einem Kappa-Wert von 1.

Um eine Diagnose zuverlässig stellen zu können, bedarf es konkreter Diagnosekriterien, die überall in gleicher Weise anerkannt und angewendet werden. Diese Kriterien beschreiben, welche Merkmale zur Stellung einer Diagnose erforderlich sind (Einschlusskriterien) und welche Merkmale nicht vorliegen dürfen (Ausschlusskriterien). Festgelegt und definiert wurden solche diagnostischen Ein- und Ausschlusskriterien z. B. durch die »Internationale Klassifikation psychischer Störungen« in ihrer 10. Revision (ICD-10), welche von der Weltgesundheitsorganisation WHO im Jahre 1991 als klinisch-diagnostische Leitlinien herausgegeben worden sind (Dilling et al. 1991). In dieser ICD-10 wird die Diagnose »Drogenabhängigkeit« anhand von sechs Kriterien international verbindlich festgelegt:

Die Diagnose-Kriterien der Abhängigkeit nach ICD-10

1. Ein starker Wunsch oder eine Art Zwang, Substanzen zu konsumieren
2. Verminderte Kontrollfähigkeit bezüglich des Beginns, der Beendigung und der Menge des Substanzkonsums
3. Ein körperliches Entzugssyndrom bzw. Substanzkonsum mit dem Ziel, Entzugssymptome zu mildern und der entsprechenden positiven Erfahrung
4. Nachweis einer Toleranz
5. Fortschreitende Vernachlässigung anderer Vergnügungen und Interessen zugunsten des Substanzkonsums
6. Anhaltender Substanzkonsum trotz Nachweises eindeutiger schädlicher Folgen. Die schädlichen Folgen können körperlicher, sozialer oder psychischer Art sein.

Nur wenn infolge des Konsums von Kokain in den letzten zwölf Monaten mindestens drei dieser Kriterien gleichzeitig vorhanden waren, darf die Diagnose »Kokainabhängigkeit« gestellt werden.

Die Diagnose »Schädlicher Gebrauch« nach ICD-10

Häufig hört man in diesem Zusammenhang die Begriffe »Kokain-Missbrauch« oder »Kokain-Abusus«, womit ein schädliches Konsumverhalten gemeint wird, das noch nicht den Schweregrad einer Abhängigkeit erreicht hat. Beides ist nicht korrekt.

Die Begriffe »Missbrauch« und »Abusus« stammen aus der Terminologie des »Diagnostischen und Statistischen Manuals Psychischer Störungen« (DSM) der Amerikanischen Psychiatrischen Gesellschaft (APA). Das DSM ist das US-amerikanische Pendant zur internationalen ICD der WHO. Dort, im amerikanischen Diagnosesystem, wird von abuse (Abusus), also von »Missbrauch« gesprochen. In dem im deutschsprachigen Raum verbindlichen ICD-10 hingegen taucht dieser Begriff nicht auf. Hier gelten die Kriterien des »Schädlichen Gebrauchs«.

Darunter versteht man ein Konsumverhalten, das zu einer konkreten Gesundheitsschädigung geführt hat. Diese kann eine körperliche Störung sein, z. B. in Form einer Herzrhythmusstörung oder einer Destruktion der Nasenscheidewand. Es kann sich dabei aber auch um eine psychische Störung handeln, z. B. in Form einer depressiven Episode nach Kokainkonsum. Die diagnostische Leitlinie nach ICD-10 formuliert wörtlich: »Die Diagnose erfordert eine tatsächliche Schädigung der psychischen oder physischen Gesundheit des Konsumenten«.

Im Unterschied zur Definition des Abhängigkeitssyndroms (s. o.) sind hier die negativen sozialen Folgen kein Merkmal der Diagnose. Auch wenn ein schädliches Kokainkonsumverhalten von anderen häufig kritisiert wird und augenfällig mit negativen sozialen Folgen einhergeht (z. B. mit Arbeitsplatzverlust, Inhaftierung, Eheproblemen), so ist dies nach ICD-10 noch keine ausreichende Bedingung für die Diagnose »Schädlicher Gebrauch von Kokain«.

Diagnose-Checklisten

Die Zuverlässigkeit und Objektivität der Diagnosen »Kokainabhängigkeit« bzw. »Schädlicher Gebrauch von Kokain« lässt sich mit Hilfe sog. Diagnose-Checklisten erhöhen. Dabei handelt es sich um standardisierte Instrumente, welche die Klassifizierung nach den offiziellen Diagnosesystemen von ICD-10 und DSM 5 ermöglichen. Sie bestehen aus einzelnen Listen (»Checklisten«), die sich jeweils auf nur eine Diagnose beziehen. Jede Checkliste enthält alle Kriterien, die zur Stellung dieser Diagnose erforderlich sind (Ein-/Ausschlusskriterien, psychopathologische Symptome, Verhaltensmerkmale, Zeit- und Verlaufscharakteristika, Schweregradbestimmungen usw). So ermöglicht beispielsweise die ICD-10 Checkliste »Abhängigkeit und schädlicher Gebrauch von Drogen« die standardisierte Diagnose »Kokainabhängigkeit« bzw. »Schädlicher Gebrauch von Kokain« entsprechend der operationalisierten Kriterien von ICD-10 (Hiller et al. 1995).

Strukturierte Interviews

Strukturierte Interviews sind aufwendiger als Checklisten, ermöglichen dafür jedoch ein höheres Maß an Quantifizierung und Vereinheitlichung bei der Erhebung psychiatrischer Symptome. Wie die Checklisten orientieren sich auch die Interviews an den offiziellen Diagnosesystemen von ICD und DSM und berücksichtigen dabei die Ein- und Ausschlusskriterien, die psychopathologischen Symptome, die Verhaltensmerkmale sowie Zeit- und Verlaufscharakteristika einer psychischen Erkrankung. Darüber hinaus geben sie dem Interviewer den Wortlaut der Fragen vor, die gestellt werden müssen oder sie überspringen nach bestimmten Regeln Fragen nach Symptomen, die irrelevant sind und führen so »strukturiert« zur Diagnose.

Strukturierte Interviews haben den Vorteil, dass sie standardisiert und empirisch überprüft sind. Sie »navigieren« den Interviewer auf vorgegebenen Wegen durch das gesamte Gebiet der psychischen Störungen. Dadurch wird die Gefahr verringert, dass eine Diagnose »übersehen« wird, falls bei einem Patienten mehrere Störungen gleichzeitig vorliegen sollten (z. B. eine Kokainabhängigkeit, eine Depression und eine Persönlichkeitsstörung).

Im deutschsprachigen Raum sind das SKID (Strukturiertes Klinisches Interview für DSM-IV; Wittchen et al. 1997) und das

DIPS (Diagnostisches Interview bei psychischen Störungen; Schneider und Margraf 2011) die gebräuchlichsten strukturierten klinischen Interviewverfahren. Das SKID umfasst zwei Teile. Mit dem ersten Teil (SKID-I) können aktuelle psychische Störungen (sog. Achse-I-Störungen nach DSM-IV) diagnostiziert werden. Dazu würde unter anderem die Kokainabhängigkeit gehören. Der zweite Teil (SKID-II) erlaubt die Diagnose von überdauernden (also nicht nur aktuell vorhandenen) Persönlichkeitsstörungen (sog Achse-II-Störungen). Mit Hilfe des DIPS können Diagnosen sowohl nach ICD-10 als auch nach DSM-IV-TR gestellt werden. Darüber hinaus gibt es Anregungen für verhaltenstherapeutische Behandlungen.

Neben der umfassenden strukturierten Diagnosestellung haben klinische Interviews noch einen weiteren Vorteil. Sie ermöglichen eine genaue Dokumentation der Diagnosebefunde.

Schwere der Kokainabhängigkeit

Orientiert man sich bei der Diagnose Kokainabhängigkeit an den gängigen Diagnosesystemen von ICD-10 oder DSM, führt dies letztendlich zu einer Ja/Nein-Entscheidung – d. h. eine Kokainabhängigkeit ist entweder vorhanden oder nicht. Man spricht deshalb von sog. kategorialen Klassifikationen. Diese Betrachtungsweise ist nicht unproblematisch, denn zwischen Ja und Nein gibt es Zwischenstufen. Die im Alltag verwendete Unterscheidung zwischen Gebrauch, schädlichem Gebrauch und Abhängigkeit von Kokain verringert das Problem, löst es aber nicht. Außerdem sagt diese Unterscheidung noch nichts über den Schweregrad einer Kokainabhängigkeit aus.

In der neuesten Version des amerikanischen Diagnosesystems, im DSM-5, hat man sich von den stigmatisierenden Bezeichnungen »Missbrauch« und »Abhängigkeit« distanziert und den etwas sperrigen Begriff der »Substanzgebrauchsstörung« (»substance use disorder«) eingeführt. Ebenfalls neu ist die Möglichkeit, den Schweregrad der Erkrankung zu quantifizieren. Demnach ist eine

Unterteilung in eine leichte (2–3 Kriterien), mittelgradige (4–5 Kriterien) oder schwere Kokaingebrauchsstörung (6 oder mehr Kriterien) möglich.

Eine Quantifizierung des Schweregrads ist auch mit dem »European Addiction Severity Index« (EuropASI) möglich. Dabei handelt es sich um ein halbstrukturiertes Interview zur Erfragung wichtiger Informationen, die im Zusammenhang mit dem Konsum einer Substanz, z. B. Kokain, stehen. Untersucht werden die Bereiche körperlicher Zustand, Arbeits- und Unterhaltssituation, Drogen- und Alkoholgebrauch, rechtliche Probleme, Familien-/Sozialbeziehungen, familiärer Hintergrund und psychischer Status. In jedem dieser Bereiche erfolgt eine Quantifizierung des Schweregrads durch Selbsteinschätzung des Untersuchten sowie per Fremdbeurteilung durch den Untersuchenden (Gsellhofer et al. 1999).

Tiermodelle

Tiermodelle für den exzessiven Konsum von Kokain gibt es seit langem. Sie spielen eine wichtige Rolle bei der Entwicklung von Medikamenten. Diese Modelle entsprechen jedoch nicht dem »Abhängigkeitssyndrom«, wie es beispielsweise in ICD-10 für den Menschen definiert ist.

Deroche-Gamonet et al. (2004) konnten in einem Tiermodell mit Ratten drei Kriterien des Abhängigkeitssyndroms äquivalent nachbilden. Das erste Kriterium: Schwierigkeiten, den Konsum zu stoppen oder zu begrenzen. Das zweite: Es wird viel Zeit dafür verwendet, die Substanz zu beschaffen. Das dritte Kriterium: Der Konsum wird trotz negativer Konsequenzen fortgesetzt. Im Tiermodell bestanden diese negativen Konsequenzen aus elektrischen Schlägen auf die Fußsohlen in Kombination mit dem Kokainkonsum.

Kein Tier erfüllte diese Kriterien nach nur kurzer Bekanntschaft mit Kokain, sondern, wenn überhaupt, erst nachdem die Droge über längere Zeit konsumiert worden war. Dann allerdings zeigte sich unter den Tieren eine kleinere Gruppe, die für den Kokainkonsum besonders empfänglich schien. Charakteristisch für diese Tiere war, dass sie ihr altes Kokainkonsumverhalten rasch wieder aufnahmen, wenn man ihnen nach einer längeren Phase des Konsums das Kokain zunächst wegnahm und danach wieder zugänglich machte. Diese Untergruppe erfüllte alle drei genannten Kriterien. Insbesondere ließen sich diese Ratten auch durch die elektrischen Fußschläge nicht vom Kokainkonsum abhalten. Die Mehrheit der Tiere war dazu jedoch nicht bereit und reduzierte ihren Konsum, anstatt die »negativen Konsequenzen« dafür in Kauf zu nehmen.

Offensichtlich ist das Abhängigkeitskriterium »fortgesetzter Kokainkonsum trotz negativer Konsequenzen« – bei aller kritischen Würdigung der Unterschiede zwischen Tier- und Humanmodell – ein Diagnosekriterium, das selbst über Artengrenzen hinweg Gültigkeit besitzt.

> **Merke**
> Um die Diagnose »Abhängigkeit« oder »schädlicher Gebrauch« von Kokain zuverlässig (reliabel) stellen zu können, braucht es allgemein gültige, verbindliche Kriterien, wie sie z. B. in der »Internationalen Klassifikation psychischer Störungen (ICD-10)« von der WHO festgelegt worden sind. Die Zuverlässigkeit dieser Diagnosen lässt sich mit Hilfe von Checklisten oder strukturierten Interviews erhöhen. Die Quantifizierung des Schweregrads einer Kokainabhängigkeit ist beispielsweise mit dem »European Addiction Severity Index (EuropASI)« möglich. Tiermodelle mit exzessivem Kokainkonsum geben wichtige Hinweise für die Forschung, sind aber nur teilweise auf den Menschen übertragbar.

8

Therapieplanung und Interventionen

8.1 Psychotherapeutisch-psychosoziale Behandlung

Case Management

Der deutsche Ausdruck »Fallführung« ist weniger gebräuchlich, wohingegen »Case Management« sehr viel besser umschreibt, worum es hier geht. Es sind dies alle Strategien, bei denen ein verantwortlicher »Case Manager« einen Patienten bei dessen Inanspruchnahme der zahlreichen Beratungs-, Behandlungs- und Sozialmaßnahmen unterstützt und diese koordiniert. Er managt und vernetzt die Vielzahl der Hilfen und sorgt so dafür, dass sich viele Einzelmaßnahmen unterschiedlicher Anbieter gegenseitig nicht behindern, sondern koordiniert zusammenwirken.

Case Management ist sozialpädagogisches Handeln, aber mehr noch organisatorische Netzwerkarbeit. Da es mit hohem Aufwand verbunden ist, kommt es nicht für »gewöhnliche« Kokainkonsumenten, sondern nur für schwerkranke Abhängige mit hohem Betreuungs- und Koordinierungsaufwand in Frage (Corsi et al. 2010).

In einer systematischen Übersichtsarbeit (Hesse et al. 2007) wurden zehn randomisierte, kontrollierte Studien ausgewertet, welche die Wirksamkeit des Case Managements bei drogenabhängigen Menschen untersuchten. Nur eine dieser Untersuchungen kam aus Europa, die restlichen aus den USA. Es konnte gezeigt werden, dass das Problem der Vernetzung von Unterstützungsmaßnahmen durch Case Management erfolgreich gelöst werden konnte. Allerdings hatte das Case Management keinen Einfluss auf den Drogenkonsum.

Eigene Erfahrungen mit dem Case Management sind überwiegend positiv. Die Koordinations- und Vernetzungsarbeit durch einen professionellen Case Manager wird nicht nur von den Patienten geschätzt, sondern erleichtert auch in erheblicher Weise die Arbeit von Therapeuten.

Fallvignette 3
Der 42-jährige arbeits- und wohnsitzlose Herr B. wird zur klinischen Behandlung seiner langjährigen Kokainabhängigkeit stationär aufgenommen. Bei dem Patienten bestehen zusätzlich eine Alkohol- und Tabakabhängigkeit sowie ein schädlicher Gebrauch von Cannabis und Tranquilizern.

Der gesetzlich bestellte Betreuer wünscht die langfristige Unterbringung seines Mandanten in einer therapeutischen Wohngemeinschaft, die Sozialarbeiterin sieht die Abwendung einer drohenden Haftstrafe als vordringlich, der Hausarzt hält hingegen eine Entgiftung für notwendig. Zusätzlich sind ein HNO-Spezialist (zur Behandlung der perforierten Nasenschei-

> dewand), eine Dermatologin (zur Behandlung infizierter Kratzspuren an beiden Unterarmen) sowie ein Psychiater (zur Behandlung des Dermatozoenwahns) involviert. Die Noch-Ehefrau drängt auf eine möglichst lange stationäre Behandlung, der Patient selbst wünscht hingegen seine baldige Entlassung, damit er sich um eine neue Wohnung kümmern kann.
>
> Erst durch die Einschaltung eines Case Managers gelingt es, diese divergierenden Interessen zu priorisieren und aufeinander abzustimmen. Die zahlreichen Behandlungs- und Unterstützungsmaßnahmen werden von ihm so koordiniert, dass sie sich nicht gegenseitig behindern.

Psychodynamische Therapien

Es gibt bislang keine ausreichende Evidenz dafür, dass psychodynamische Therapien in der Behandlung speziell der Abhängigkeit von Kokain spezifisch wirksam sind. Fallberichte und klinische Erfahrung zeigen, dass sie bei solchen Störungen unterstützend sein können, die im Zusammenhang mit dem Kokainkonsum stehen. So kann beispielsweise ein verringertes Selbstwertsystem stabilisiert werden, eine eingeschränkte Affektdifferenzierung, eine verminderte Impulskontrolle oder eine gestörte Selbst-Objekt-Differenzierung können verbessert werden. Auch für gruppentherapeutische Settings können psychodynamische Methoden hilfreich sein. Im Zusammenhang mit der Behandlung Kokainabhängiger wirken psychodynamische Therapien unspezifisch unterstützend. Sie ermöglichen regelmäßige Treffen und eine angenehme Gesprächsatmosphäre, die es dem Patienten erleichtert, seine Gefühle auszudrücken und dabei auch Unangenehmes und Schambesetztes zu thematisieren.

Kognitive Verhaltenstherapie

»Verhaltenstherapie« ist ein Überbegriff für die große Variationsbreite von Psychotherapieverfahren, deren Gemeinsamkeit es ist, durch Neulernen bzw. Verlernen eine Veränderung von Verhalten, Empfinden und Einstellungen zu bewirken. In der Verhaltenstherapie wird durch die gezielte Anwendung von Lernbedingungen ein gerichteter Veränderungsprozess in Gang gesetzt. Liegt dabei ein besonderer Schwerpunkt der Behandlung auf der Veränderung von »Kognitionen«, d. h. dem Wahrnehmen, dem Erkennen, den Gedanken und dem Bewerten, so spricht man von »kognitiver Verhaltenstherapie« (KVT).

Verhaltenstherapeutische Behandlungsformen sind zeitökonomisch und haben eine nachgewiesene spezifische Wirksamkeit bei Kokainabhängigkeit (Übersicht: Dürsteler-MacFarland et al. 2010). Die Behandlung umfasst zwei Teile, die Verhaltensanalyse und die Verhaltensmodifikation. Bei der Verhaltensanalyse werden die äußeren Umstände des Kokainkonsums ebenso erfragt wie die inneren Vorgänge (Motivation, Gedanken, Gefühle). Das genaue Erkennen und Beschreiben ermöglicht ein besseres Verstehen. Dadurch können Risikobedingungen und Auslöser des Kokainkonsums ermittelt und für die Therapie nutzbar gemacht werden.

Bei der Verhaltensmodifikation werden verschiedene Therapieverfahren eingesetzt, häufig auch miteinander kombiniert. So z. B. die »Motivational Enhancement Therapy«, der »Community Reinforcement Approach«, das Kontingenzmanagement oder die Rückfallvermeidung (»relapse prevention«). Besonders strukturiertes und effektives Behandeln ermöglichen manualisierte Programme der kognitiven Verhaltenstherapie (Dürsteler-MacFarland et al. 2010).

Rückfallvermeidung

Dieses kognitiv-verhaltenstherapeutische Verfahren zielt darauf ab, durch eine Verbesserung der Selbstkontrolle Rückfallrisiko und Rückfallschwere zu verringern. Dazu erlernt der Patient Strategien, wie er Hochrisikosituationen rechtzeitig realisieren und minimieren sowie seine schädlichen Handlungsmuster erkennen und verändern kann. Kommt es dennoch zum Rückfall, verfügt der Patient über Techniken des »Rückfallmanagements«, die es ihm ermöglichen, Hilfe in Anspruch zu nehmen und den Schaden zu begrenzen (»harm reduction«). Ein wichtiger Bestandteil des Verfahrens ist das frühe Erkennen und das richtige Umgehen mit dem Verlangen nach Kokain (»craving«). Prinzipien der Rückfallvermeidung werden zunehmend in andere verhaltenstherapeutisch orientierte Therapieverfahren integriert (Hendershot CS et al. 2011).

Kontingenzmanagement

Dies ist eine verhaltenstherapeutisch orientierte Behandlungsmethode, bei der sog. Verstärker systematisch und kontrolliert eingesetzt werden. Damit kann erwünschtes Verhalten (z. B. Kokainabstinenz) belohnt werden (= positive Verstärkung), aber auch unerwünschtes Verhalten (z. B. Kokainkonsum) »bestraft« werden (= negative Verstärkung). Die Methode basiert auf dem lernpsychologischen Prinzip der »operanten Konditionierung«.

Bedeutsam für den Erfolg der Methode ist die Wahl des geeigneten Verstärkers. Geeignete Verstärker sind z. B. geldwerte Gutscheine, die vom Patienten eingetauscht werden können (Petry et al. 2004). In den USA erprobte man auch den Einsatz von Bargeld als Belohnung für eine kokainfreie Urinprobe. In der Regel wird dabei mit kleinen Geldbeträgen begonnen, die dann mit zunehmender Dauer der Abstinenz gesteigert werden. Möglich ist auch ein Lotteriesystem. Der Patient zieht dann bei jeder nachgewiesenen Kokainabstinenz ein Los mit z. B. 50 %-iger Gewinnchance (»Lotteriepreis-Verstärkung«). Da der Gewinn auch einmal ausbleiben kann, erfolgt die Belohnung unregelmäßig und unvorhersehbar. Die Verstärkerwirkung soll sich dadurch erhöhen (Farronato et al. 2013).

Entscheidend für den Erfolg ist nicht nur die Wahl des Verstärkers, sondern auch der Zeitpunkt, zu dem er eingesetzt wird.

Lernpsychologisch am effektivsten sind Belohnungen, wenn sie möglichst zeitnah zum gewünschten Verhalten erfolgen. Im Falle der nachgewiesenen Kokainabstinenz sollte das nicht länger als 24 h dauern. Zwei Nachteile dieser Behandlungsmethode sind offensichtlich: Eine Verhaltensverstärkung mittels Gutscheinen oder Bargeld kann teuer werden. Darüber hinaus fehlt der Methode eine überzeugende Nachhaltigkeit. Wird die Belohnung eingestellt, steigt der Kokainkonsum wieder an. Nicht zuletzt deshalb wird Kontingenzmangement vor allem als »add-on« Intervention angesehen, d. h. als eine ergänzende Therapieform, die den Ausstieg aus dem Kokainkonsum wirkungsvoll unterstützen kann und die sich mit anderen Behandlungsmethoden ideal kombinieren lässt (Schierenberg et al. 2012).

Kombination von kognitiver Verhaltenstherapie und Kontingenzmanagement

In einer eigenen Untersuchung wurden 60 Kokainabhängige randomisiert zwei Behandlungsgruppen zugeteilt. Die eine Gruppe wurde mit einer manualisierten kognitiven Vehaltenstherapie (KVT) behandelt, die andere Gruppe erhielt KVT plus ein Lotteriepreis-basiertes Kontingenzmanagement. Die Behandlung beider Gruppen dauerte zwölf Wochen, die Nachbeobachtungszeit betrug sechs Monate. Es zeigte sich, dass beide Interventionen den Kokainkonsum signifikant reduzierten. Die Kombinationsbehandlung brachte jedoch keinen zusätzlichen Therapieerfolg (Petitjean et al. 2014).

Community Reinforcement Approach (CRA)

Das CRA, die sog. gemeindeorientierte Behandlung, basiert auf dem Modell der positiven Verstärkung (»reinforcement«). Erwünschtes Verhalten, z. B. Abstinenz, wird durch Belohnung verstärkt, wobei vor allem Verstärker aus dem individuellen sozialen

Umfeld des Patienten verwendet werden, also solche, die im Gemeinwesen (»community«) zur Verfügung stehen und mit dem Konsum von Kokain unvereinbar sind.

Beim CRA handelt es sich um ein aus den USA stammendes umfassendes Behandlungskonzept, das ursprünglich zur Therapie von Alkoholabhängigen entwickelt worden war. Seine Wirksamkeit ist mittlerweile auch in der Behandlung der Kokainabhängigkeit gut belegt (Lange et al. 2008).

CRA kombiniert bekannte und bewährte Interventionsformen, es kann individuell oder in der Gruppe durchgeführt werden und ist stark verhaltenstherapeutisch, also veränderungs- und handlungsorientiert. Die wichtigsten Komponenten einer CRA-Therapie sind:

Förderung von Behandlungsbereitschaft und Verhaltensänderung

Mit der Technik des »Motivational Interviewing« wird der Patient zu einer kritischen Hinterfragung seines Kokainkonsums motiviert (Miller und Rollnick 2015). Dabei richtet sich die Art der motivierenden Intervention nach dem individuellen Stadium der Behandlungs- und Veränderungsbereitschaft des Patienten (»Stufenmodell der Verhaltensveränderung« nach Prochaska und DiClemente 1992). Das Ziel ist, seine Behandlungsbereitschaft zu fördern und ihn zu einer nachhaltigen Verhaltensänderung zu motivieren.

Verhaltensanalyse

Die gründliche Analyse des Konsumverhaltens ist ein Kernelement des CRA. Der Patient wird in wertfreier, empathischer Weise und mittels offener Fragen danach exploriert, in welchen Situationen und aus welchen Motiven er Kokain in welcher Weise konsumiert. Dadurch können sog. Trigger, d. h. externe Auslöser (wo, wann, wie, wer) und interne Auslöser (Gedanken, Gefühle) erkannt und Risikosituationen identifiziert werden.

Abstinenzerprobung

Kleine Abstinenzzeiträume (ein Tag, eine Woche) vermitteln erste Nüchternheitserfahrungen. Mitunter kann auch ein reduzierter Konsum der erste Schritt in Richtung Abstinenz sein. Das Ziel muss so gewählt werden, dass es für den Patienten erreichbar ist und ein erstes positives Erfolgserleben ermöglicht.

Einbeziehung von Vertrauenspersonen

Wichtige Personen des sozialen Umfelds werden in Absprache mit dem Patienten in die Behandlung miteinbezogen. Lebenspartner, Familienangehörige, Freunde, Vorgesetzte können als »therapeutische Verbündete« eine Behandlung wirkungsvoll unterstützen.

Fertigkeitentraining

Der Patient wird darin trainiert, Fertigkeiten (»skills«) zu erlernen, die für einen Therapieerfolg notwendig sind. Dazu zählen u. a. Strategien zur Lösung von Alltagsproblemen, der Umgang mit Stress, das Erlernen sozialer Kompetenzen u. v. a. Es handelt sich um ein sehr breites Spektrum von Fertigkeiten, deren Auswahl auf den individuellen Bedarf des Patienten zugeschnitten sein soll. Ziel dieser Therapieform ist es, von der Gesprächs- auf die Handlungsebene zu kommen. Der Patient soll unter »Trainingsbedingungen« ein neues Verhalten erlernen (Rollenspiele und Gruppensettings eignen sich dazu besonders gut) und danach im Alltag erproben.

Grundlegende Fertigkeiten für jeden Kokainabhängigen sind z. B. die Rückfallprävention und das Rückfallmanagement. Dazu zählen das Erkennen, das Vermeiden und der Umgang mit Risikosituationen. Hierzu gehört auch ein einzuübendes Ablehnetraining für Situationen, in denen ihm Kokain angeboten wird. Für den Fall, dass es dennoch zum Kokainkonsum kommen sollte, erlernt der Patient Fertigkeiten zur Schadensbegrenzung (»Notfallmanagement«).

Positive Verstärker

Abstinenz ist kein Selbstzweck, sondern Voraussetzung zum Erreichen attraktiver Lebensziele. Diese gilt es individuell zu finden und für die jeweilige Behandlung nutzbar zu machen. Je attraktiver das Ziel, desto verstärkender seine Wirkung auf die Motivation des Patienten, seinen Alltag kokainfrei zu gestalten. Konkrete Lebensziele, die sich als positive Verstärker gut eignen, finden sich z. B. in den Bereichen Partnerschaft, Spiritualität, Hobbys, Finanzen oder berufliche Karriere. Ein geeignetes Ziel ist individuell, attraktiv (für den Patienten!), erreichbar und steht im Widerspruch zum Kokainkonsum. Wichtig ist es, den Weg in Teilschritte zu untergliedern, die so zu wählen sind, dass sie den Patienten nicht überfordern und ein Erfolgserleben ermöglichen.

Manualisierte Therapie

Unter einer manualisierten Therapie versteht man die Behandlung mit Hilfe eines Handbuchs, in dem die Therapieschritte formalisiert sowie alle Behandlungselemente detailliert und nachvollziehbar niedergeschrieben sind. Therapiemanuale wurden ursprünglich für Forschungszwecke konzipiert, um z. B. bei Multizenterstudien, wenn mehrere Therapeuten an unterschiedlichen Orten beteiligt sind, die einheitliche, standardisierte Anwendung einer Behandlungsmethode zu gewährleisten. Die gleichen Vorteile bieten sich jedoch auch für den nicht-forschungsorientierten Behandlungsalltag. In Institutionen beispielsweise, in denen unterschiedlich erfahrene Therapeuten eine personenunabhängige Behandlungsqualität gewährleisten wollen. Für Anfänger haben solche Manuale außerdem den Vorteil, dass sie einen evidenzbasierten Leitfaden anbieten, mit dem sich eine neue Behandlungsmethode strukturiert erlernen lässt und an dem sich Unerfahrene orientieren können.

Ein deutschsprachiges und empirisch erprobtes »Therapiemanual Kokainabhängigkeit« stammt aus unserer Arbeitsgruppe (Dürsteler-MacFarland et al. 2010). Es vermittelt Grundlagen und bietet Arbeitsmaterialien zur kognitiv-verhaltenstherapeutischen Behandlung. Darüber hinaus beschreibt es die wichtigsten Therapiegrundsätze und Interventionen, die anhand von Beispielen und Tipps schrittweise eingeführt und praxisnah erörtert werden. Schwerpunkte sind das Erlernen und Üben neuer abstinenzfördernder Fertigkeiten sowie das Erarbeiten von Problemlösungsstrategien für Menschen mit einer Kokainabhängigkeit (Dürsteler-MacFarland et al. 2010).

8.2 Medikamentöse Behandlung

Medikamente haben in der Behandlung von Abhängigkeitserkrankungen ihren festen Stellenwert. Sie werden beispielsweise zur Linderung von Entzugssymptomen und zur Therapie von Intoxikationen, pathologischen Rauschverläufen, Erregungszuständen oder unerwünschten körperlichen und psychischen Folgestörungen eingesetzt. Um all das soll es hier nicht gehen. Vielmehr begrenzt sich dieses Kapitel auf die medikamentöse Behandlung der Abhängigkeit per se, also auf die Verringerung des Verlangens (»craving«), auf die Stabilisierung der Abstinenz, auf die Reduktion des Rückfallrisikos.

Diese Therapieziele sind im Falle der Alkohol-, der Tabak- und der Heroinabhängigkeit seit einigen Jahren alltägliche Behandlungswirklichkeit. Im Falle der Kokainabhängigkeit sind sie es jedoch (noch) nicht! Denn trotz jahrzehntelanger Forschung existiert noch immer keine wirksame medikamentöse Behandlung zur Linderung des Cravings, zur Stabilisierung der Abstinenz oder zur Reduktion des Rückfallrisikos bei Kokainabhängigkeit! Zwar gibt es eine Reihe plausibler Kandidatensubstanzen, die aufgrund ihres pharmakologischen Wirkprofils, aufgrund vielversprechender Ergebnisse in Tierversuchen oder aufgrund von beidem auch beim Menschen in die nähere Auswahl kommen. Bei keinem dieser Medikamente gelang jedoch ein evidenzbasierter Wirksamkeitsnachweis in der klinischen Erprobung (Wiesbeck und Dürstler-MacFarland 2006). Daher ist – im Gegensatz zur Rückfallprophylaxe bei Alkohol-, Nikotin- und Opioidabhängigkeit – bis heute kein Medikament zur Behandlung der Kokainabhängigkeit zugelassen.

Kandidatensubstanzen

Als eine der plausibelsten Kandidatensubstanzen gilt seit langem das Methylphenidat. Dieses Medikament hat eine psychostimulierende Wirkung, es unterliegt aufgrund eines eigenen Abhängigkeitspotentials dem Betäubungsmittelgesetz und es ist zugelassen zur Behandlung des Aufmerksamkeitsdefizit-/Hyperaktivitätssyndroms (ADHS). Als Dopamin-Agonist ähnelt sein pharmakologischer Wirkmechanismus dem des Kokains. Es hemmt u. a. den Dopamin-Rücktransport in die Synapse und verstärkt damit die dopaminergen Effekte im Gehirn. Dadurch könnte eine Methylphenidat-Substitution die Kokainwirkung auf das dopaminerge Belohnungssystem ersetzen, dem Kokaincraving vorbeugen und so das Rückfallrisiko bei Kokain-Verzichtswilligen senken (analog zur Nikotinersatztherapie bei Tabakabhängigen oder zur Methadonsubstitution bei Heroinabhängigen). Trotz dieses sehr plausiblen Rationals ist es bisher misslungen, bei Kokainabhängigen, die nicht unter einem ADHS leiden, einen Wirksamkeitsnachweis für Methylphenidat zu erbringen (Dürsteler et al. 2015). Das gleiche gilt für alle anderen Dopamin-Agonisten, die bisher getestet wurden (Minozzi et al. 2015a), es gilt auch für Psychostimulantien wie Bupropion, Dexamphetamin, Modafinil, Mazindol, Methamphetamin und Selegilin (Castellis et al. 2010), es gilt für die Gruppe der Antiepileptika (Minozzi et al. 2015b), der Antidepressiva (Pani et al. 2011) und der Antipsychotika (Amato et al. 2007). Auch das Disul-

8.2 Medikamentöse Behandlung

firam (ein altes Traditionsmedikament zur Vergällung der Alkoholwirkung und zugelassen zur medikamentösen Therapie bei Alkoholismus) konnte nach optimistisch stimmenden Anfangserfolgen bis heute keinen überzeugenden Wirksamkeitsnachweis bei der Behandlung der Kokainabhängigkeit erbringen (Pani et al. 2010). So bleibt es notgedrungen bei der eingangs gemachten Feststellung, dass, trotz intensiver Suche, bis dato kein Medikament zur Behandlung der Kokainabhängigkeit zugelassen werden konnte.

Ergänzende Behandlungsverfahren

Akupunktur

Bei der Akupunktur handelt es sich zwar um keine medikamentöse Behandlung im eigentlichen Sinne, dennoch soll an dieser Stelle näher auf sie eingegangen werden. Speziell die Ohrakupunktur nach dem sog. NADA-Protokoll ist als unspezifische, ergänzende Behandlung in der Suchttherapie, nicht nur bei Kokainabhängigkeit, weit verbreitet. NADA steht für »National Acupuncture Detoxification Association«, eine 1985 in New York gegründete gemeinnützige Organisation, die ein auf Ohrakupunktur gestütztes Behandlungskonzept für Drogenabhängige standardisiert anbietet. Dabei werden bis zu fünf Punkte an beiden Ohren genadelt. Die Sitzungen finden in der Regel in Gruppen statt und dauern ca. 45 Minuten.

Eigene jahrelange Erfahrungen mit der Ohrakupunktur bei Kokain- und Mehrfachabhängigen im klinischen Setting haben gezeigt, dass es sich dabei um eine populäre Behandlungsergänzung handelt, die von Patienten bereitwillig angenommen wird. Die kritische Analyse von sieben Studien mit insgesamt über 1.400 kokainabhängigen Patienten erbrachte jedoch für die Ohrakupunktur keinen Wirksamkeitsnachweis (Gates et al. 2008). Das mag, so die Autoren dieser Metaanalyse, an methodischen Mängeln der sieben Studien gelegen haben und spricht für einen weiteren Forschungsbedarf. Gleichwohl kann eine spezifische Wir-

kung der Ohrakupunktur für die Behandlung der Kokainabhängigkeit derzeit nicht konstatiert werden.
Noch spärlicher ist die Datenlage bei der Körperakupunktur. Es existieren hierzu einige Versuche bei Abhängigkeitserkrankungen, vor allem aus dem asiatischen Raum (Cui et al. 2013). Eine evidenzbasierte Behandlungsempfehlung erlauben diese derzeit jedoch nicht.

> **Merke**
> Der Schwerpunkt der Behandlung einer Kokainabhängigkeit liegt bei psychotherapeutisch-psychosozialen Therapiemaßnahmen. Es sind vorwiegend verhaltenstherapeutisch ausgerichtete Verfahren, die einen Wirksamkeitsnachweis erbringen konnten. Manualisierte Therapien gewährleisten eine standardisierte Behandlung und bieten Orientierung für Unerfahrene. Die intensive Suche nach Medikamenten, welche für therapiemotivierte Kokainabhängige das Rückfallrisiko bzw. die Rückfallschwere verringern könnten, blieb bislang erfolglos.

8.3 Prävention

Prävention will durch vorbeugende Maßnahmen Schlimmeres verhüten. Sie zielt sowohl auf die Veränderung von individuellem Verhalten (Verhaltensprävention) als auch auf die Veränderung von gesellschaftlichen Rahmenbedingungen (Verhältnisprävention). In der Regel ist sie nicht substanzspezifisch allein auf Kokain ausgerichtet, sondern in den größeren Rahmen einer allgemeinen Suchtprävention eingebettet. Darunter versteht man alle Maßnahmen, welche bestenfalls den Einstieg in den Drogenkonsum verhindern (Konsumvermeidung, Primärprävention).

8.3 Prävention

Prävention richtet sich aber auch an Personen, die bereits Drogen konsumieren. Hier geht es darum, zur Beendigung des Konsums zu motivieren bzw. der Entstehung von Abhängigkeit und Folgeschäden vorzubeugen. Alle Maßnahmen, die darauf abzielen – also der Schadensvermeidung bei Personen dienen, die bereits konsumieren – fallen unter den Oberbegriff der Sekundärprävention.

Maßnahmen, welche die bereits vorhandenen Folgeschäden verringern sollen, also die Aspekte Leidenslinderung und Schadensminderung verfolgen, werden als Tertiärprävention bezeichnet. Dazu zählt beispielsweise, dem erneuten Konsumbeginn nach einer Entwöhnungstherapie vorzubeugen (Rückfallprävention). Insofern ist der Begriff der Tertiärprävention weitgehend identisch mit den therapeutischen Maßnahmen, wie sie im Kapitel 8.1 Psychotherapeutisch-psychosoziale Behandlung und Kapitel 8.2 Medikamentöse Behandlung beschrieben werden. Im Folgenden soll daher ausschließlich auf die Primär- und Sekundärprävention eingegangen werden (Übersicht: Uhl 2005).

Primärprävention

Eine idealeffektive Primärprävention würde den Einstieg in den Kokainkonsum verhindern. Allein durch Aufklärung über die Schädlichkeit des Kokains gelingt dies selten. Eine wirksame Primärprävention zielt daher vor allem auf die Verhaltensebene (Verhaltensprävention) und auf Umgebungsbedingungen (Verhältnisprävention).

Die Primärprävention des Drogen- bzw. Kokainkonsums kann auf verschiedenen Ebenen ansetzen. Im erweiterten Sinn zählt dazu auch die Verhältnisprävention auf der sog. »Repressionsebene«. Sie umfasst jene staatlichen Maßnahmen, die durch Kriminalisierung und Strafverfolgung vom Konsum illegaler Drogen abschrecken sollen. Dazu zählen z.B. alle restriktiv-kontrollierenden Ansätze, deren Ziel es ist, durch Sicherstellungen von Kokain dessen Verfügbarkeit auf dem illegalen Markt zu reduzieren. Diese

Form von universaler Prävention mittels repressiver Maßnahmen wie Strafverfolgung und Angebotsreduktion ist personal- und kostenintensiv. Ob sie auch ausreichend erfolgreich ist, wird nach Jahren der Erfahrung mit repressiven Maßnahmen unterschiedlichen Ausmaßes und in verschiedenen Ländern von Experten zunehmend bezweifelt.

Daher wird sie ergänzt durch eine selektive Prävention, die sich gezielt an definierte Risikogruppen wendet (z. B. an Gefängnisinsassen, Prostituierte). Eine Hauptzielgruppe der selektiven Primärprävention sind Jugendliche. Mit sog. »schulbasierten Drogenpräventionsmaßnahmen« sollen sie von einem Einstieg in den Drogenkonsum abgehalten werden. Dieser Oberbegriff umfasst eine Fülle von Maßnahmen unterschiedlicher Güte. So wird beispielsweise die Wirksamkeit von reinen Informationsveranstaltungen von Experten als wenig wirksam eingestuft. Das gleiche gilt für Drogeninformationstage an Schulen, für Besuche von Vertretern der Strafverfolgungsbehörden oder des Gesundheitswesens sowie für das Durchführen von Drogentests bei Schülern. Als wirksamer werden hingegen Veranstaltungen für Eltern und kreative außerschulische Aktivitäten angesehen. Auch sog. »Peer-to-Peer-Ansätze«, bei denen die positive Vorbildfunktion Gleichaltriger aktiv genutzt wird, scheinen einen deutlichen präventiven Effekt zu besitzen. Den besten präventiven Erfolg scheint man jedoch mit Maßnahmen zu erzielen, welche die soziale Kompetenz von Jugendlichen verbessern (Europäischer Drogenbericht 2015).

Ein Cochrane-Review über schulbasierte Präventionsprogramme kommt zu einem eher enttäuschenden Ergebnis. Die statistische Analyse von 51 Untersuchungen mit insgesamt über 127.000 Teilnehmenden ergab eine allenfalls geringe präventive Wirksamkeit für solche Maßnahmen, welche die soziale Kompetenz der Schüler verbessern. Für alle anderen schulbasierten Präventionsmaßnahmen (s. o.) konnte keine Wirksamkeit nachgewiesen werden (Faggiano et al. 2014).

Häufig angewandte Präventionsmaßnahmen der staatlichen Drogenpolitik sind sog. Aufklärungskampagnen («Keine Macht den Drogen«). Sie sollen den Drogenverzicht in der Bevölkerung fördern, indem sie die Ablehnung gegenüber Drogen verstärken. Häufige Zielgruppen solcher Kampagnen sind Lehrer, Eltern und Jugendliche. Ihr präventiver Wert ist umstritten. Es wird sogar diskutiert, ob solche Kampagnen eventuell einen negativen Effekt haben, indem sie den Anreiz zum Drogenkonsum erhöhen.

Suchtprävention wird zunehmend als gesamtgesellschaftliche Aufgabe wahrgenommen. Die Drogenpolitik versucht, dies umzusetzen. Eine ausführliche Beschreibung staatlicher Präventionsmaßnahmen findet sich beispielsweise auf der Homepage des Drogenbeauftragten der deutschen Bundesregierung (»Nationale Strategie zur Drogen- und Suchtpolitik«), beim schweizerischen Bundesamt für Gesundheit (»Nationale Strategie Sucht«) oder dem österreichischen Bundesministerium für Gesundheit (»Bericht zur Drogensituation«).

Insgesamt lässt sich feststellen, dass ein »Goldstandard« zur Drogenprävention nicht existiert. Eine unüberschaubare Fülle an plausiblen, nicht notwendigerweise auch wirksamen Maßnahmen birgt die Gefahr eines Aktionismus ohne präventiven Wert. Zu fordern wäre daher eine Prävention, die – analog zur Therapie – dem Anspruch auf Evidenzbasierung gerecht wird.

Sekundärprävention

Die Sekundärprävention richtet sich an Personen, die bereits Drogen konsumieren. Ihr Ziel ist es, verhältnis- und verhaltenspräventiv, die Folgeschäden des Konsums gering zu halten oder ganz zu vermeiden. Die zunehmende HIV-Problematik in den 1980er Jahren hat zu einer Intensivierung sekundär präventiver Maßnahmen auch bei Kokainabhängigen geführt. Das Projekt »Safer Use« ist eines der bekanntesten Beispiele dafür. Einen »Goldstandard« für Sekundärprävention gibt es bis heute dennoch nicht (Übersicht: Fischer et al. 2015).

Beispiel »Safer Use«

Unter diesem Oberbegriff werden Maßnahmen verstanden, die den risikoarmen Drogenkonsum fördern. Unter anderem finden sich dort auch Regeln für Personen, die auf den Kokainkonsum nicht verzichten wollen.
Safer-Use-Regeln für Kokainkonsumenten:

- Kokain ist in der Regel »gestreckt«, d. h. sein Reinheitsgrad ist unbekannt. Deshalb zunächst einmal mit einer niedrigen Dosis »antesten«
- Hygieneregeln: Bei intravenösem Konsum auf Sterilität achten. Stets ein eigenes Spritzenbesteck benutzen, nicht mit anderen teilen
- Möglichst nicht allein konsumieren, damit im Notfall jemand Erste Hilfe leisten kann
- Kein Konsum, wenn man sich in einem schlechten Zustand befindet oder unter einer körperlichen oder psychischen Erkrankung leidet
- Konsumpausen einplanen und einhalten
- Die unangenehmen Gefühle beim Nachlassen des akuten Rauschs nicht mit neuem Kokainkonsum bekämpfen
- Safer Sex
- Kein Konsum, wenn Medikamente eingenommen werden müssen
- Kein Konsum während der Schwangerschaft

Beispiel »Safer Sniefen«

Eine auf Kokainkonsumenten zugeschnittene (sekundärpräventive) Safer-Use-Strategie ist das sog. »Safer Sniefen«.
Regeln für das »Safer Sniefen« von Kokain:

- Beim »Sniefen« ausschließlich ein eigenes, sauberes Röhrchen ohne scharfe Kanten verwenden. Das »Ziehgerät« nicht auslei-

hen, ausschließlich selbst benutzen. Keine Banknoten, keine abgeschnittenen Trinkhalme verwenden
- Das Kokain vor Gebrauch auf einer sauberen Unterlage so fein wie möglich pulverisieren
- Vor dem Konsum die Nase putzen. Etwa 15 min nach dem Konsum die Nase (von eventuellen Streckmitteln) mit einem sauberen, angefeuchteten Taschentuch reinigen
- Zwischen den Konsumereignissen die Nase pflegen (z. B. durch regelmäßige Nasenspülungen)

Beispiel »Drug Checking«

Auf dem Schwarzmarkt gekaufte Drogen werden auf Inhalt und Reinheitsgrad getestet. Ein solch kostenloses und anonymes »Drug Checking« wird in einigen europäischen Ländern (z. B. in Österreich und der Schweiz) angeboten.

Eine besondere sekundärpräventive »Serviceleistung« sind die mobilen Drogenteststände. Hier kommt nicht der Drogenkonsument ins Labor, sondern das Labor begibt sich szeneaufsuchend zu Veranstaltungen, bei denen erfahrungsgemäß mit Drogenkonsum zu rechnen ist (z. B. Rave- und Technopartys). Vor Ort können dann Konsumenten ihre Substanz innerhalb von etwa 30 Minuten auf Zusammensetzung (Streckmittel) und Wirkstoffgehalt (Reinheit) testen lassen. Dadurch sollen gefährliche Überdosierungen und Todesfälle vermieden werden.

Gegner des »Drug Checking« sprechen von einer »pervertierten Form von Verbraucherschutz«, welche mittels Risikominderung die Hemmschwelle zum Konsum herabsetze. Befürworter hingegen weisen darauf hin, dass jedes »Drug Checking« obligatorisch mit einem Informations- und Beratungsgespräch verbunden ist und dass dadurch (kostenlos, anonym und ohne Voranmeldung) ein Personenkreis angesprochen wird, der von anderen Präventionsangeboten nicht erreicht wird (Hungerbuehler et al. 2011).

9

Rechtliche Situation

Der Umgang mit Kokain ist gesetzlich international reglementiert. Die völkerrechtliche Grundlage dafür bietet das »Einheitsabkommen über die Betäubungsmittel«, welches als multinationaler Vertrag 1964 in Kraft getreten, seither mehrfach ergänzt und von 180 Ländern ratifiziert worden ist, unter anderem von der Schweiz (1970), von Deutschland (1973) und von Österreich (1978). Das Abkommen bildet die völkerrechtliche Grundlage für die nationalen Gesetzgebungen.

In den deutschsprachigen Ländern, auf die hier ausschließlich eingegangen werden soll, geschieht dies durch ein »Betäubungsmittelgesetz« (Schweiz, Deutschland) bzw. durch das »Suchtmittelgesetz« (Österreich). In allen drei Ländern handelt es sich dabei um Bundesgesetze, deren Ziel es ist, die Verfügbarkeit von Drogen zu verhindern.

Deutschland

Das deutsche »Gesetz über den Verkehr von Betäubungsmitteln (Betäubungsmittelgesetz- BtMG) kennt drei Anlagen. Nur die darin aufgeführten Stoffe und Zubereitungen sind Betäubungsmittel im gesetzlichen Sinne. Kokain ist in Anlage III gelistet. Damit handelt es sich beim Kokain um ein »verkehrsfähiges und verschreibungsfähiges Betäubungsmittel«.

Im Abschnitt 6 des BtMG (§ 29ff) werden die Straftaten und Ordnungswidrigkeiten aufgezählt. Der Konsum von Kokain wird darin nicht explizit erwähnt. Gesetzlich wäre er damit straffrei. Voraussetzung für den Konsum sind jedoch der Besitz von Kokain bzw. dessen Einführung, Ausführung, Veräußerung, Abgabe, Erwerb oder Beschaffung und dafür sieht das deutsche Recht eine Freiheitsstrafe von bis zu fünf Jahren oder eine Geldstrafe vor.

Allerdings ermöglicht das Gesetz es auch, unter bestimmten Umständen von einer Strafverfolgung abzusehen. Wenn nämlich »die Schuld des Täters als gering einzuschätzen wäre, kein öffentliches Interesse an der Strafverfolgung besteht und der Täter die Betäubungsmittel lediglich zu Eigengebrauch in geringer Menge« besitzt, kann auf eine Strafverfolgung verzichtet werden (§ 31a BtMG).

Was unter einer geringen Menge Kokain zu verstehen ist, die sog. »Eigenbedarfsgrenze«, wird je nach Bundesland unterschiedlich gehandhabt. In Hamburg, Bremen, Niedersachsen und Hessen wird eine Menge von bis zu 1 g Kokain als geringe Menge angesehen, in Schleswig-Holstein hingegen sind es bis zu 3 g.

Werden diese Grenzwerte überschritten, muss ermittelt werden, ob es sich um eine *nicht geringe Menge* handelt. Eine »nicht geringe Menge« an Kokain liegt laut Bundesgerichtshof bei 5 g Kokain vor (BGHSt33, 133). Das Betäubungsmittelgesetz sieht dafür eine Mindestfreiheitsstrafe von einem Jahr vor.

Auch bei Besitz einer nur geringen Menge an Kokain besteht keine grundsätzliche Straflosigkeit! In jedem Fall wird die Droge beschlagnahmt, die Polizei ermittelt und übergibt die Angelegenheit an die Staatsanwaltschaft. Dort wird u. a. geprüft, ob die oben genannten Bedingungen für den Verzicht auf eine Strafverfolgung gegeben sind. Eine Voraussetzung dafür ist, dass keine Fremdgefährdung vorliegt. Davon wäre jedoch auszugehen, wenn das Kokain z. B. in der Anwesenheit Jugendlicher, in Gefängnissen, Kasernen oder Schulen, also unter Umständen konsumiert wird, die Anlass zur Nachahmung geben. Sieht die Staatsanwaltschaft von einer Strafverfolgung aus den o. g. Gründen ab, so kann sie dennoch Sanktionen verhängen (z. B. gemeinnützige Arbeitsstunden) oder Auflagen anordnen (z. B. Besuch einer Drogenberatungsstelle).

Unabhängig von der Strafverfolgung kann der Konsum von Kokain zum Entzug des Führerscheins führen. Dabei ist es nicht entscheidend, ob ein einmaliger oder wiederholter Kokainkonsum vorliegt oder ob unter dem Einfluss von Kokain ein Kraftfahrzeug tatsächlich geführt worden ist (VGH Baden-Württemberg 10 S 404/14).

Österreich

In Österreich regelt das »Bundesgesetz über Suchtgifte, psychotrope Stoffe und Vorläuferstoffe«, das sog. Suchtmittelgesetz (SMG), den Umgang mit illegalen Drogen. Im Gegensatz zum deutschen Pendant kennt dieses Gesetz den Begriff des »Betäubungsmittels« nicht, sondern spricht stattdessen von »Suchtmitteln«. Zu den Suchtmitteln zählen sowohl »Suchtgifte« (z. B. Kokain) und »psychotrope Stoffe« als auch deren »Vorläuferstoffe«. Auch im österreichischen SMG ist der Konsum von Kokain an sich nicht strafbar. Strafbar ist jedoch alles, was damit in Zusammenhang steht (Beschaffung, Erwerb, Besitz usw.). Der Begriff der »geringen Menge« taucht hier ebenfalls auf. Strafverfahren wegen des Erwerbs oder Besitzes einer geringen Menge an Kokain (oder anderen Suchtgiften) können nach §§ 35 und 36 SMG für zwei Jahre auf Probe eingestellt werden. Wird eine sog. »Grenzmenge« überschritten, im Falle von Kokain liegt diese bei 15 g Reinsubstanz, wird aus dem Vergehen ein Verbrechen. Das Gesetz geht dann davon aus, dass das Kokain nicht ausschließlich zum Eigenbedarf beschafft worden ist und sieht dafür eine Freiheitsstrafe von bis zu drei Jahren vor.

Schweiz

Das Schweizer Betäubungsmittelgesetz (BetmG) regelt den Umgang mit Betäubungsmitteln und psychotropen Stoffen. In Artikel 2 dieses Gesetzes wird Kokain explizit als Betäubungsmittel genannt. Das BetmG wird durch drei Verordnungen flankiert. In der Betäubungsmittelverzeichnisverordnung des EDI (BetmVV-EDI) werden Kokain, Kokaextrakte, Kokaintinktur und Kokablätter im Verzeichnis »a« gelistet. Sie zählen damit zu den Substanzen, »die allen Kontrollmaßnahmen unterstellt sind« (BetmKV).

Das Gesetz äußert sich in seinem 4. Kapitel zu den »Strafbestimmungen«. Wie im deutschen und österreichischen Gesetz ist auch hier der Kokainkonsum selbst nicht strafbar. Verboten ist jedoch nahezu alles, was damit in Zusammenhang steht (Anbau, Herstellung, Lagerung, Aufbewahrung, Besitz, Beschaffung, Handel, Finanzierung usw.). Dem Gesetz zufolge werden Zuwiderhandlungen »mit Freiheitsstrafe bis zu drei Jahren oder Geldstrafe« bestraft.

Im Gegensatz zur deutschen und österreichischen Gesetzgebung taucht im schweizerischen BetmG der Begriff der »geringen Menge« nicht auf. Das Gesetz sieht jedoch Strafmilderungsgründe vor, speziell für Kleinhändler, die selbst abhängig sind. Ein Kokainhändler beispielsweise, der zwar selbst konsumiert, aber nicht kokainabhängig ist, würde nicht unter diese Bedingung fallen. Ist ein Konsument jedoch selbst kokainabhängig und dealt mit Kokain ausschließlich, um seine eigene Sucht damit zu finanzieren, kann das Gericht die Strafe nach freiem Ermessen mildern.

Das Schweizer BetmG hat in seiner seit 2011 teilrevidierten Fassung die sog. Vier-Säulen-Politik (Prävention, Behandlung, Schadensminderung, Repression) gesetzlich verankert. Damit wurde der gesundheits- und sozialpolitische Aspekt gegenüber dem strafrechtlichen deutlich gestärkt. Dies gilt auch für den Umgang mit Kokain.

Die Teilnahme am Straßenverkehr als Fahrzeuglenker bzw. -lenkerin ist unter Kokain nicht gestattet. Hier gilt eine Nulltoleranz. Wird Kokain im Blut festgestellt, ganz gleich in welcher Menge, gilt die Fahrunfähigkeit als erwiesen. Der Konsum von Kokain kann auch außerhalb des Straßenverkehrs zu einem vorsorglichen Entzug des Führerausweises führen (sog. Sicherungsentzug wegen fehlender Fahreignung).

> **Merke**
> Völkerrechtliche Vorgaben über den Umgang mit Kokain sind die Grundlage für nationale Gesetzgebungen. In Deutschland, Österreich und der Schweiz ist der Kokainkonsum an sich nicht verboten. Verboten ist jedoch nahezu alles, was damit in Verbindung steht (z. B. Herstellung, Lagerung, Aufbewahrung, Erwerb, Besitz, Beschaffung, Handel, Finanzierung usw.). Die deutsche und die österreichische Gesetzgebung kennt zudem den Begriff der »geringen Menge«. Bei einer Kokainmenge unter dieser »Eigenbedarfsgrenze« kann (muss aber nicht) von einer Strafverfolgung abgesehen werden. Der Nachweis von Kokain beim Lenken eines Kraftfahrzeugs kann in allen drei Ländern zum Entzug der Fahrerlaubnis führen. Einen Grenzwert gibt es dabei nicht.

10

Synopse und Ausblick

10.1 Synopse

In der südamerikanischen Volksmedizin ist die Heilwirkung der Kokapflanze seit Jahrhunderten bekannt. Medizinhistorisch bedeutsam ist die Anwendung von Kokain als Lokalanästhetikum, weil dadurch erstmals ein schmerzfreies Operieren (z. B. am Auge) möglich wurde. Zwar ist Kokain in vielen Ländern auch heute noch »verschreibungsfähig«, wegen seines hohen Abhängigkeitspotentials und besserer Alternativen wird es in der modernen Medizin jedoch kaum mehr verwendet.

Kokain ((2R,3S)-3-Benzoyloxy-tropan-2-carbonsäure-methylester) konnte seinen weltweiten »Siegeszug« erst antreten, nachdem es 1860 gelungen war, das kristalline Pulver in Reinsubstanz aus den Blättern des Kokastrauchs zu isolieren, seine Molekularstruktur aufzuklären (1898) und im Labor künstlich herzustellen (1923). Der »Kokainismus« traf die westlichen Gesellschaften zu Beginn des 20. Jahrhunderts mit solcher Wucht, dass die Droge in den meisten Ländern verboten wurde. Dazu wurden völkerrechtliche Vorgaben durch nationale Reglementierungen umgesetzt.

Kokain ist nach Cannabis die am zweithäufigsten konsumierte illegale Substanz in Europa. Etwa 5 % der Erwachsenen haben damit Erfahrung (Lebenszeitprävalenz), etwa 1 % der Erwachsenen konsumierten Kokain während des letzten Jahres (12-Monatsprävalenz). In bestimmten Gruppen (z. B. junge alleinstehende Männer, Besucher von Technopartys, Inhaftierte) ist die Konsumrate noch wesentlich höher. Auf dem Schwarzmarkt wird es dem »Endverbraucher« mit einem Reinheitsgrad von etwa 30–50 % angeboten. Der Preis pro Gramm liegt im europäischen Durchschnitt zwischen 52 und 70 Euro.

Der Kokainkonsum an sich ist in Deutschland, Österreich und der Schweiz gegenwärtig nicht verboten. Verboten ist jedoch nahezu alles, was damit in Verbindung steht (z. B. Herstellung, Lagerung, Aufbewahrung, Erwerb, Besitz, Beschaffung, Handel, Finanzierung usw.). Die deutsche und die österreichische Gesetzgebung kennt zudem den Begriff der »geringen Menge«, bei der unter bestimmten Umständen auf eine Strafverfolgung verzichtet werden kann.

Kokain kann oral, nasal, durch Inhalation oder intravenös konsumiert werden. Je schneller die Substanz in das Gehirn gelangt, desto intensiver wird der Rausch (»kick«) erlebt, desto größer ist aber auch die Gefahr, dass aus einem Gelegenheitskonsum (»recreational use«) eine Abhängigkeit entsteht. Am intensivsten wirkt Kokain, wenn es geraucht wird. Dies kann in Form von Kokainbase (»freebase«) oder als Kokain-Hydrogencarbonat (»crack«) erfolgen. Die in Europa gebräuchlichste Konsumform ist jedoch das Kokain-Hydrochlorid. Dabei handelt es sich um ein weißes, wasserlösliches

10.1 Synopse

Pulver, das gut über die Schleimhäute aufgenommen wird. Am häufigsten wird es geschnupft.

Kokain wird größtenteils in der Leber verstoffwechselt und über die Nieren ausgeschieden. In der Leber existieren drei hauptsächliche Abbauwege. Sie führen zu folgenden Abbauprodukten (Metaboliten): Ekgoninmethylester, Benzoylekgonin und Norkokain. Die beiden erstgenannten Metaboliten sind pharmakologisch inaktiv, Norkokain hingegen verfügt selbst über eine psychotrope Wirkung. Benzoylekgonin lässt sich im Urin zuverlässig und deutlich länger als Kokain nachweisen. Es wird daher in der chemischen Analyse zur Objektivierung und Quantifizierung des Kokainkonsums verwendet. Wenn Kokain zusammen mit Alkohol konsumiert wird, entsteht als zusätzliches Abbauprodukt das Cocaethylen. Dieser Metabolit hat selbst eine kokainähnliche Wirkung.

Wie alle Substanzen mit Abhängigkeitspotential entfaltet auch Kokain seine verhaltensverändernden Wirkungen im Gehirn. Es erhöht das Dopaminangebot an den Synapsen des sog. mesolimbischen Belohnungs- bzw. Verstärkungssystems. Dessen im Mittelhirn gelegene Strukturen haben die Aufgabe, primär arterhaltendes Verhalten (z B. Ernährung, Fortpflanzung, elterliches Fürsorgeverhalten) positiv zu verstärken. Hier befindet sich die Schnittstelle zwischen Emotion und Lokomotion, hier wird das Wollen in Motivation und zielgerichtetes Handeln umgesetzt. Über Verbindungen zum Stirnhirn (»präfrontaler Kortex«) unterliegt diese Umsetzung der Kontrolle nach ethischen und sozialen Werten. In diesem von der Evolution angelegten Verstärkungssystem ist eine pharmakologische Einflussnahme durch Kokain nicht vorgesehen. Kokain führt an den Synapsen zu einer neurophysiologischen »Superstimulation«, d.h. zu einer massiven »Auslenkung« dieses Systems sowohl in Richtung positives Erleben (Euphorie, Rausch) als auch negatives Erleiden (Dysphorie, Entzug).

Als »Psycho-Physio-Stimulans« entfaltet Kokain sowohl körperliche als auch psychische Wirkungen. Es erhöht Blutdruck, Puls, Körpertemperatur und Blutzuckerspiegel und aktiviert die hormonelle »Stressachse«. Die psychische Wirkung ist mannigfaltig und hängt stark von Umgebungsfaktoren (»Setting«) und der individuellen Ausgangsbefindlichkeit (»Set«) des Konsumenten ab. Typischerweise verläuft sie in verschiedenen Phasen (Euphorie, Rausch, Erschöpfung).

Das notorische Image von Kokain als »Leistungsdroge« trägt viel zu dessen Popularität bei. Seine stimulierende Wirkung wird sowohl im sportlichen Bereich (»Doping«) als auch zur kognitiven Leistungssteigerung (»Gehirn-Doping«) genutzt. Dieses Image wird noch übertroffen durch seine Popularität als »Aphrodisiakum«. In wieweit hier eine sich selbst bestätigende Erwartungshaltung (Placebowirkung), das Image der Droge (Legende) und eine tatsächlich vorhandene Eigenwirkung (Verumeffekt) zusammenspielen, mag schwer auseinanderzuhalten sein. Für eine spezifische leistungs- und luststeigernde Wirkung von Kokain gibt es viel narrative, aber wenig wissenschaftliche Evidenz. Dass diese Wirkung von Konsumenten mitunter in begeisterter Weise überzeichnet wird, fördert die Legendenbildung.

Der Konsum von Kokain vermag die Gesundheit mannigfaltig zu beeinträchtigen. In körperlicher Hinsicht kann Kokain Schäden an Nase, Lunge, Leber, Herz und Gehirn verursachen. Sein Konsum in der Schwangerschaft kann zur intrauterinen Wachstumsretardierung des Ungeborenen und zu einer Verkürzung der Gravidität führen. Kokain erhöht die Bereitschaft zu riskantem Sexualverhalten und den damit verbundenen Konsequenzen. Angst- und Panikerkrankungen, Depressionen und Psychosen sind häufige psychische Folgestörungen. Nahezu jeder fünfte Kokainkonsument entwickelt eine Abhängigkeit.

Um die Diagnose »Kokainabhängigkeit« zuverlässig (reliabel) stellen zu können, braucht es allgemein gültige, verbindliche Kriterien, wie sie beispielsweise in der »Internationalen Klassifikation psychischer Störungen (ICD-10)« von der WHO festgelegt worden sind. Die Zuverlässigkeit der Diagnosestellung lässt sich mit Hilfe von Checklisten oder strukturierten Interviews erhöhen. Die Quantifizierung des Schweregrads einer Kokainabhängigkeit ist

u. a. mit dem »European Addiction Severity Index (EuropASI)« möglich.

Eine Kokainabhängigkeit geht oftmals mit weiteren psychischen Erkrankungen einher (»Komorbidität«). Am häufigsten sind dies affektive Störungen, Angsterkrankungen und Psychosen. Unter den Persönlichkeitsstörungen sind es die antisoziale und die Borderline-Persönlichkeitsstörung, welche gehäuft mit einer Kokainabhängigkeit zusammen vorkommen. Die Aufmerksamkeitsdefizit-/Hyperaktivitätsstörung (ADHS) und die Störung des Sozialverhaltens beginnen in der Kindheit. Beide erhöhen das Risiko für die Entstehung einer späteren Kokainabhängigkeit. Komorbide Störungen dürfen nicht übersehen werden, da ihre Mitbehandlung für eine erfolgreiche (»integrative«) Therapie der Kokainabhängigkeit entscheidend ist.

Der Schwerpunkt der Behandlung liegt bei psychotherapeutisch-psychosozialen Maßnahmen. Es sind vorwiegend verhaltenstherapeutisch ausgerichtete Verfahren, die einen Wirksamkeitsnachweis erbringen konnten. Manualisierte Therapien gewährleisten eine standardisierte Behandlung und bieten Orientierung für Unerfahrene. Die intensive Suche nach Medikamenten, welche für therapiemotivierte Kokainabhängige das Rückfallrisiko bzw. die Rückfallschwere verringern könnten (»Anticraving-Substanzen«), blieb bislang erfolglos.

10.2 Ausblick

Noch immer stehen für die Behandlung einer Kokainabhängigkeit weniger wirksame Möglichkeiten zur Verfügung als für die Therapie anderer Abhängigkeitserkrankungen. Woran liegt das?

Es liegt u. a. am hohen Abhängigkeitspotential von Kokain. Je höher die »capture rate«, die süchtige Bindekraft einer Droge, desto schwieriger ist es, dauerhaft von ihr loszukommen. Dies macht den Weg zu nachhaltigen Behandlungserfolgen so mühevoll, denn alle psychotropen Substanzen mit einem hohen Abhängigkeitspotential (z. B. Tabak, Opioide) haben zugleich ein hohes Rückfallrisiko. Das gilt auch für Kokain.

Beim Tabak und den Opioiden konnte man dieses Problem durch geeignete Substitutionsmittel (z. B. Nikotinersatzpräparate, Methadon) erheblich entschärfen. Beim Kokain ist dies bislang nicht gelungen. Ein wesentlicher Grund dafür ist die hohe Eigengefährlichkeit der Substanz. Sie ist bei Kokain deutlich größer als beim Tabak oder den Opioiden. Während es beim Tabak die Langzeitschäden und bei den Opioiden v. a. die hygienischen Begleitumstände des Konsums sind, welche beide Substanzen auf Dauer so gesundheitsschädigend machen, verfügt Kokain über ein akutes substanzimmanentes Gefahrenpotential (▶ Kap. 5.1: Körperliche und psychische Wirkungen). Das »ideale« Substitutionsmedikament wäre effektiv, aber ungefährlich.

Substitutionsbehandlung

Ein »ideales« Substitut würde die Wirkung des Kokains imitieren, so dass kein Verlangen nach der Droge aufkäme, es würde selbst aber keine Gesundheitsschäden verursachen. Leider ist es bis heute nicht gelungen, eine solche »Agonist Replacement Therapy« zu entwickeln (Review: Minozzi et al. 2015). Zwar existiert eine Reihe wirksamer Agonisten, sie sind jedoch umso gesundheitsschädigender (und daher nicht verwendbar), je besser sie die Wirkung des Kokains imitieren. Eine vertretbare Substitutionsbehandlung steht daher derzeit nicht zur Verfügung. Als zukünftige Behandlungsmöglichkeit wäre sie jedoch wünschenswert und denkbar.

Anticraving-Medikamente

Es handelt sich hier um Medikamente, die das Verlangen (»craving«) nach Kokain verringern, ohne die psychotrope Wirkung der Droge auch nur ansatzweise zu imitieren (– der entscheidende Unterschied zu einer Substitutionsbehandlung). Für die Behandlung der Alkohol- und Tabakabhängigkeit stehen solche Medikamente seit geraumer Zeit zur Verfügung. Dort konnte das Therapieprinzip der medikamentösen Rückfall-Risikoreduktion erfolgreich verwirklicht werden. Für die Behandlung der Kokainabhängigkeit steht ein solcher Erfolg – trotz intensiver Forschung – leider noch aus. Dass es sich dabei nur um eine Frage der Zeit handeln möge, bleibt eine plausible Hoffnung.

Impfung

Im Tierversuch gelang die aktive Immunisierung gegen eine psychotrope Substanz bereits in den 1970er Jahren. Ein Rhesusaffe, der auf den freiwilligen Konsum von sowohl Kokain als auch Heroin trainiert worden war, wurde selektiv gegen Heroin immunisiert. Das Tier stellte daraufhin seinen Heroinkonsum ein, konsumierte Kokain aber weiter (Bonese et al. 1974). Damit war erstmals der Nachweis gelungen, dass die aktive Impfung gegen eine spezifische Droge möglich ist.

Kleine Moleküle wie Heroin, Kokain oder die meisten Medikamente lösen normalerweise keine Immunreaktion des Körpers aus. Deswegen werden Drogen und Medikamente ohne eine schädliche Erwiderung des Immunsystems toleriert. Zu allergischen Reaktionen kommt es nur, wenn sich diese kleinen Moleküle (sog. Haptene) an größere Trägerproteine binden und dadurch für das Immunsystem als Antigene »sichtbar« werden. Jetzt können sie eine Antikörperantwort auslösen.

Kokain kann seine psychotrope und damit abhängigkeitserzeugende Wirkung nur im Gehirn entfalten. Dazu muss es die Blut-Gehirn-Schranke passieren, eine physiologische Grenzscheide zwischen Blutkreislauf und zentralem Nervensystem, die verhindern soll, dass Giftstoffe und Krankheitserreger aus dem Blut ins Gehirn gelangen. Kleine lipophile Moleküle, wie z. B. Kokain, können die Blut-Hirn-Schranke passiv, d. h. entlang des Konzentrationsgefälles zwischen Blut und Gehirn, passieren (zusätzlich besteht für Kokain ein aktiver Transportmechanismus). Größeren Molekülen bleibt der Weg ins zentrale Nervensystem versperrt. Würde das Kokain an ein größeres Protein, z. B. einen Antikörper, gebunden, bliebe ihm demnach die Passage ins Gehirn verwehrt. Dieses vereinfacht ausgedrückte Funktionsprinzip liegt der Antikokain-Impfung zu Grunde.

Dass die praktische Umsetzung wesentlich schwieriger war, zeigt sich u. a. daran, dass der Weg von der ersten erfolgreichen Antikokain-Impfung im Tierversuch (Bagasra et al. 1992) zur ersten klinischen Untersuchung am Menschen (Kosten et al. 2002) zwanzig Jahre dauerte. Und obwohl die klinische Erprobung weit fortgeschritten ist, gelang es bis heute nicht, einen ausreichend wirksamen und verträglichen Impfstoff auf den Markt zu bringen. Woran liegt das?

Die Impfung kann nur wirken, wenn genügend Antikörper gebildet werden. Leider ergab sich im Humanversuch hier eine große Variabilität. Nur etwa ein Drittel der Geimpften produzierte eine ausreichend hohe Menge an Antikörpern gegen Kokain. In dieser Minderheit der »high responder« war dann auch der klinische Effekt zufriedenstellend. Bei der überwiegenden Mehrheit der Geimpften war dies jedoch nicht der Fall. Es wird also zukünftig darauf ankommen, Impfstoffe zu entwickeln, die bei allen Geimpften zu einer qualitativ und quantitativ besseren Kokain-Antikörper-Produktion führen (Übersicht: Kinsey et al. 2010).

Zu einer »Schutzimpfung im Kindesalter«, wie von der Boulevardpresse euphorisch propagiert, wird es vermutlich dennoch nicht kommen. Für die nahe Zukunft wäre jedoch eine wirksame Antikokain-Vakzine zur vorbeugenden Abschirmung gegen die Kokainwirkung bei rückfallgefährdeten, abstinenzmotivierten Abhängigen durchaus denkbar.

Enzymatische Therapie mit Butyrylcholinesterase

Einer der hauptsächlichen Abbauwege des zu verstoffwechselnden Kokains führt über das Enzym Butyrylcholinesterase (BuChE;

▶ Kap. 4 Pharmakologie und Neurobiologie). Könnte man diesen Weg intensivieren, würde Kokain schneller metabolisiert und aus dem Körper ausgeschieden. Seine Wirkung ließe sich dadurch verringern und lebensgefährliche Kokainintoxikationen könnten effektiver behandelt werden. Im Tierversuch ist dies bereits gelungen (Lynch et al. 1997). Beim Menschen jedoch stößt die Behandlung wegen der geringen katalytischen Aktivität der humanen BuChE an ihre Grenzen. Sehr hohe Dosen wären notwendig, um auf diese Weise eine Intoxikation erfolgreich behandeln zu können. Deshalb hat man das Enzym molekular verändert. Die so kreierte neue Variante von humaner BuChE hat gegenüber der natürlich vorkommenden Form eine 40-fach höhere katalytische Aktivität (Connors und Hoffman 2013). Erste Untersuchungen am Menschen haben gezeigt, dass sich »neue« Butyrylcholinesterase sicher verabreichen lässt und vom Organismus gut toleriert wird (Lockridge 2014). Untersuchungen über die Wirksamkeit dieses Enzyms zur Behandlung einer Kokainabhängigkeit stehen jedoch noch aus. Theoretisch könnte eine solche Antikokain-Enzymtherapie in Kombination mit einer Antikokain-Vakzine (Impfung) in Zukunft eine vielversprechende Rolle in der Behandlung spielen.

Oxytocin

Oxytocin ist ein Hypophysenhormon, das bei Schwangeren Geburtswehen auslöst. Darüber hinaus hat es auch eine Wirkung auf das soziale Bindungsverhalten von Geschlechtspartnern (»Treuehormon«) und beeinflusst das Fühlen und Handeln bei sozialen Interaktionen. In Tierversuchen konnte in Bezug auf Stimulantien gezeigt werden, dass exogen zugeführtes Oxytocin das Risiko für die Entstehung von Toleranz und Abhängigkeit verringern kann (Samyai 1998, Qi et al. 2008, Qi et al. 2009). Diese Effekte von Oxytocin erfolgen u. a. über seine Wirkung auf das dopaminerge mesolimbische Verstärkungssystem (Yang et al. 2010).

Da der Konsum von Kokain häufig auch mit sozialen Umgebungsfaktoren im Zusammenhang steht (z. B. reduziertes mütterliches Fürsorgeverhalten nach Kokainkonsum in der Schwangerschaft; Light et al. 2004), könnte die prosoziale Oxytocinwirkung eine erfolgsversprechende Möglichkeit sein, Kokainabhängige medikamentös zu behandeln. Die bisherigen Erfahrungen aus präklinischen Studien wecken die berechtigte Hoffnung, das Hormon könnte die »korrosiven« Folgen eines chronischen Kokainkonsums, speziell für das soziale Verhalten, reduzieren. Dies macht Oxytocin zu einer Kandidatensubstanz für die zukünftige Behandlung der Kokainabhängigkeit (McGegor und Bowen 2012).

Optogenetische »Lichttherapie«

Die Optogenetik ist eine neue, bisher nur in Tierversuchen erprobte Technologie, die optische und genetische Verfahren kombiniert. Dabei werden lichtempfindliche Proteine (z. B. Rhodopsin) mit gentechnischen Mitteln in die kodierende DNA von Zellen, z. B. von Nervenzellen eingeschleußt. Sie wirken dort wie eine Art Schalter, der mittels Licht aktiviert und deaktiviert werden kann.

Mit dieser Methode ist es 2013 erstmals gelungen, das Suchtverhalten von schwer kokainabhängigen Ratten zu verändern. Die Tiere waren zu Beginn des Experiments dermaßen süchtig nach Kokain, dass sie sich selbst durch Stromschläge nicht vom Konsum abhalten ließen. Die Forscher brachten daraufhin Rhodopsin in die DNA von Pyramidenzellen des präfrontalen Kortex dieser Tiere ein. Mit Laserlicht konnten sie diese Zellen dann gezielt aktivieren. Wurde das Licht eingeschaltet, vermieden die Tiere den schmerzhaften Kokainkonsum. Wurde das Licht ausgeschaltet, fielen sie in ihr altes süchtiges Verhaltensmuster zurück (Chen et al. 2013).

Diese Methode, so vielversprechend sie sich im Tierversuch auch erweist, ist noch weit von ihrem Einsatz an Menschen entfernt. Technische Probleme und ethische Bedenken stehen dem derzeit noch entgegen.

10.2 Ausblick

Personalisierte Behandlung

Medizinische Behandlungen sind in der Regel »Pauschalangebote«, deren Wirksamkeit zwar statistisch belegbar, im Einzelfall jedoch unvorhersehbar ist. Ihre Effektivität ließe sich erheblich steigern, wenn sie individuell »maßgeschneidert« werden könnten: die richtige Behandlung für den richtigen Patienten zum richtigen Zeitpunkt! Dieser Grundgedanke der »personalisierten Therapie« steht – dank Biomarkern und Genomanalysen – in der Onkologie ansatzweise vor der Verwirklichung. In der Suchtbehandlung hingegen bleibt er eine Vision am fernen Horizont des Wünschbaren.

Voraussetzung zu seiner Realisierung wäre, analog zur Tumortherapie, u. a. die Etablierung zuverlässiger Biomarker. Dabei handelt es sich um biologische Messwerte, die als objektive Indikatoren für den Krankheitsverlauf oder die Therapieansprechbarkeit eines Kokainabhängigen dienen könnten.

Ein einfach zu bestimmender Biomarker ist beispielsweise das Geschlecht. Untersuchungen deuten darauf hin, dass das Medikament Disulfiram, wenn es zur Verringerung des Rückfallrisikos bei Kokainabhängigen eingesetzt wird, eine deutlich bessere Wirkung bei Männern als bei Frauen erzielt (DeVito et al. 2014). Diese Zufallsentdeckung mag ein recht einfaches Beispiel dafür sein, wie mit Hilfe eines prädiktiven Biomarkers der Erfolg einer Behandlung besser vorhergesagt werden kann. In einer deutlich weiterentwickelten und verfeinerten Form könnten Biomarker in ferner Zukunft dazu dienen, die Diagnose »Kokainabhängigkeit« genauer zu differenzieren, Prognosen über Krankheitsverlauf und Heilungschancen zu präzisieren und die individuelle Ansprechbarkeit auf verschiedene Therapiemöglichkeiten zutreffender vorauszusagen (Bough et al. 2014). Dies bleibt eine berechtigte Hoffnung.

Literatur

Agrawal A, Verweij KJH, Gillespie NA, Heath AC, Lessov-Schlaggar CN, Martin NG, Nelson EC, Slutske WS, Whitfield JB, Lynskey MT (2012) The genetics of addiction – a translational perspective. Translational Psychiatry 2012,2,e140.

Akyuz N, Kekatpure MV, Liu J, Sheinkopf SJ, Quinn BT, Lala MD, Kennedy D, Makris N, Lester BM, Kosofsky BE (2014) Structural brain imaging in children and adolescents following prenatal cocaine exposure: preliminary longitudinal findings. Dev Neurosci. 2014;36(3-4):316–28.

Altman AL, Seftel AD, Brown SL, Hampel N (1999) Cocaine associated priapism. J Urol. 1999 Jun;161(6):1817–8.

Alvarado GF, Storr CL, Anthony JC (2010) Suspected causal association between cocaine use and occurrence of panic. Subst Use Misuse. 2010 Jun;45(7–8):1019–32.

Andrews P (1997) Cocaethylene toxicity. J Addict Dis. 1997;16(3):75–84.

Anthony JC, Tien AY, Petronis KR (1989) Epidemiologic evidence on cocaine use and panic attacs. Am J Epidemiol. 1989; 129:543–9.

Avois L, Robinson N, Saudan C, Baume N, Mangin P, Saugy M (2006) Central nervous system stimulants and sport practice. Br. J Sport Med 2006 40 (Suppl I): i16–i20.

Baker J, Jatlow P, Pade P, Ramakrishnan V, McCance-Katz EF (2007) Acute cocaine responses following cocaethylene infusion. Am J Drug Alcohol Abuse 2007;33(4):619–25.

Baum MK, Rafie C, Lai S, et al. (2009) Crack-cocaine use accelerates HIV disease progression in a cohort of HIV-positive drug users. JAIDS 2009; (1):93–99.

Baumann MH, Gendron TM, Becketts KM, Henningfield JE, Gorelick DA, Rothman RB (1995) Effects of intravenous cocaine on plasma cortisol and prolactin in human cocaine abusers. Biol Psychiatry. 1995 Dec 1;38 (11):751–5.

Becker JB, Hu M (2007) Sex differences in drug abuse. Front Neuroendocrinol. 2008 Jan;29(1):36-47. Epub 2007 Aug 24. Review.

Bellis MA, Hughes K, Calafat A, Juan M, Ramon A, Rodriguez JA, Mendes F, Schnitzer S, Phillips-Howard P (2008) Sexual uses of alcohol and drugs and the associated health risks: a cross sectional study of young people in nine European cities. BMC Public Health. 2008 May 9; 8:155.

Benn, Gottfried (1998) Cokain. In: Gottfried Benn. Sämtliche Gedichte. Klett-Cotta, Stuttgart 1998.

Benn, Gottfried (1998) O Nacht. In: Gottfried Benn. Sämtliche Gedichte. Klett-Cotta, Stuttgart 1998.

Berger FH, Nieboer KH, Goh GS, Pinto A, Scaglione M (2015) Body packing: a review of general background, clinical and imaging aspects. Radiol Med. 2015 Jan;120(1):118–32.

Bohnert AS, Bradshaw CP, Latkin CA (2009) A social network perspective on heroin and cocaine use among adults: evidence of bidirectional influences. Addiction. 2009 Jul;104(7):1210–8.

Bolla K, Ernst M, Kiehl K, Mouratidis M, Eldreth D, Contoreggi C, Matochik J, Kurian V, Cadet J, Kimes A, Funderburk F, London E (2004) Prefrontal cortical dysfunction in abstinent cocaine abusers. J Neuropsychiatry Clin Neurosci. 2004;16:456–464.

Borowsky B, Kuhn CM (1991) Chronic cocaine administration sensitizes behavioral but not neuroendocrine responses. Brain Res. 1991 Mar 15;543(2):301–6.

Bough KJ, Amur S, Lao G, Hemby SE, Tannu NS, Kampman KM, Schmitz JM, Martinez D, Merchant KM, Green C, Sharma J, Dougherty AH, Moeller FG (2014) Biomarkers for the development of new medications for cocaine dependence. Neuropsychopharmacology 2014 Jan;39(1):202–19.

Brady KT, Randall CL (1999) Gender differences in substance use disorders. Psychiatr Clin North Am. 1999 Jun;22(2):241–52. Review.

Broadbear JH, Winger G, Woods JH (1999) Cocaine-reinforced responding in rhesus monkeys: pharmacological attenuation of the hypothalamic-pituitary-adrenal axis response. J Pharmacol Exp Ther. 1999 Sep;290(3):1347–55.

Brower KJ, Anglin MD (1987) Adolescent cocaine use: epidemiology, risk factors, and prevention. J Drug Educ. 1987;17(2):163–80. Review.

Brunt TM, Rigter S, Hoek J, Vogels N, von Dijk P, Niesink RD (2009) An analysis of cocaine powder in the Netherlands: content and health hazards due to adulterants. Addiction 104(5): 798–805.

Burroughs W (1959) The Naked Lunch. Paris: Olympia Press.

Cadoret RJ, Troughton E, O'Gorman TW, Heywood E (1986) An adoption study of genetic and environmental factors in drug abuse. Arch Gen Psychiatry. 1986 Dec;43(12):1131–6.

Cadoret RJ, Yates WR, Troughton E, Woodworth G, Stewart MA (1995) Adoption study demonstrating two genetic pathways to drug abuse. Arch Gen Psychiatry. 1995 Jan;52(1):42–52.

Cami J, Farré M, González ML, Segura J, de la Torre R (1998) Cocaine metabolism in humans after use of alcohol. Clinical and research implications. Recent Dev Alcohol. 1998;14:437–55. Review. PubMed PMID: 9751958.

Canadian Harm Reduction (2010) Warnung vor mit Levamisole verunreinigtem Kokain. Suchtmedizin in Forschung und Praxis 12(6): 291.

Carey F, Dismore WW (2004) Cocaine-induces penile necrosis. Int J Std AIDS 15(6):424-425

Cavazos-Rehg PA, Spitznagel EL, Schootman M, Strickland JR, Afful SE, Cottler LB, Bierut LJ (2009) Risky sexual behaviors and sexually transmitted diseases: a comparison study of cocaine-dependent individuals in treatment versus a community-matched sample. AIDS Patient Care STDS. 2009 Sep;23(9):727–34.

Ceolin L, Schwarz AJ, Gozzi A, Reese T, Bifone A (2007) Effects of cocaine on blood flow and oxygen metabolism in the rat brain: implications for phMRI. Magn. Reson. Imaging 25,795–800.

Choy-Kwong M, Lipton RB (1989) Seizures in hospitalized cocaine users. Neurology.1989 Mar;39(3):425–7.

Cohen S (1975) Cocaine. J Am Med Ass 231: 74–75.

Cook CE (1991) Pyrolytic characteristics, pharmacokinetics, and bioavailability of smoked heroin, cocaine, phencyclidine, and methamphetamine. NIDA Res Monogr 1991; 115:6-23. Review

Corsi KF, Rinehart DJ, Kwiatkowski CF, Booth RE (2010) Case management outcomes for women who use crack. J Evid Based Soc Work. 2010 Jan;7(1):30–40.

Crandall CG, Vongpatanasin W, Victor RG (2002) Mechanism of cocaine-induced hyperthermia in humans. Ann Intern Med. 2002 Jun 4;136(11):785–91.

Cressman AM, Natekar A, Kim E, Koren G, Bozzo P (2014) Cocaine abuse during pregnancy. J Obstet Gynaecol Can. 2014 Jul;36(7):628–31.

Crum RM, Lillie-Blanton M, Anthony JC (1996) Neighborhood environment and opportunity to use cocaine and other drugs in late childhood and early adolescence. Drug Alcohol Depend. 1996 Dec 11;43(3):155–61.

Dash S, Balasubramaniam M, Villalta F, Dash C, Pandhare J (2015) Impact of cocaine abuse on HIV pathogenesis. Front Microbiol. 2015 Oct 20;6:1111.

Delavenne H, Duarte Garcia F, Lacoste J, Cortese S, Charles-Nicolas A, Ballon N (2013) Psychosis in a cocaine-dependent patient with ADHD during treatment with methylphenidate. Gen Hosp Psychiatry. 2013 Jul-Aug;35 (4):451.e7–9.

Deroche-Gamonet V, Belin D, Piazza VP (2004) Evidence for addiction-like behavior in the rat. Science 2004, 305: 1014–1070.

DeVito EE, Babuscio TA, Nich C, Ball SA, Carroll KM (2014) Gender differences in clinical outcomes for cocaine dependence: randomized clinical trials of behavioral therapy and disulfiram. Drug Alcohol Depend. 2014 Dec 1;145:156–67.

Dilling H, Mombour W, Schmid MH (2011) Internationale Klassifikation psychischer Störungen. ICD-10 Kapitel V(F). Klinisch-diagnostische Leitlinien. 9. überarbeitete Auflage. Bern: Verlag Huber.

Dilling H, Mombour W, Schmidt MH (Hrsg.) (1991) Internationale Klassifikation psychischer Störungen, ICD-10, Kapitel V(F), klinischdiagnostische Leitlinien. 1. Auflage.Bern: Huber.

Docherty JR (2008) Pharmacology of stimulants prohibited by the World Anti-Doping Agency (WADA). British Journal of Pharmacology 2008 154: 606–622.

Doward J (2014) Welcome to ›boring‹ Belgium where even the pigeons are on cocaine. The Guardian, 01.06.2014.

DrugBank: Cocaine. (https://www.drugbank.ca/drugs/DB00907, Zugriff am 12.08.2017).

Ducci F, Goldman D (2012) The genetic basis of addictive disorders. Psychiatr Clin North Am. 2012 Jun;35(2):495–519.

Dürsteler-MacFarland KM, Schmid O, Strasser J, Wiesbeck GA (2010) Therapiemanual Kokainabhängigkeit. Grundlagen und Arbeitsmaterialien zur kognitiv-verhaltenstherapeutischen Behandlung. Stuttgart: Kohlhammer.

Duval A (2015) Cocaine, doping and the court of arbitration for sport. Int Sports Law J 15: 55–63.

Ebert D, Krause J, Roth-Sackenheim C (2003) ADHS im Erwachsenenalter – Leitlinien auf der Basis eines Expertenkonsens mit Unterstützung der DGPPN. Der Nervenarzt 2003(10):939–46.

Edlich RF, Cross CL, Wack CA, Long WB 3rd. Delusions of parasitosis. Am J Emerg Med. 2009 Oct;27(8):997–9.

Ellickson PL, Morton SC (1999) Identifying adolescents at risk for hard drug use: racial/ethnic variations. J Adolesc Health. 1999 Dec;25(6):382–95.

EMCDDA (2001) Infectious diseases. Lisbon: EMCDDA.

Ersche KD, Jones PS, Williams GB, Robbins TW, Bullmore ET (2013) Cocaine dependence: a fast-track for brain ageing? Mol Psychiatry 18 (2013): 134–135.

Ettinger NA, Albin RJ (1989) A review of the respiratory effects of smoking cocaine. Am J Med 87: 664–668.

EU Drug Markets Report: European Monitoring Centre for Drugs and Drug Addiction and Europol (2016) EU Drug Markets Report: In-Depth Analysis, Luxembourg: EMCDDA–Europol Joint publications, Publications Office of the European Union.

Europäische Beobachtungsstelle für Drogen und Drogensucht: Kokain und Crack. (http://www.emcdda.europa.eu/publications/drug-profiles/cocaine/¬de, Zugriff am 12.08.2017).

Europäischer Drogenbericht 2015: www.emcdda.europa.eu http://www.emc¬dda.europa.eu/attachements.cfm/att_239505_DE_TDAT15001DEN.pdf, S. 23, 43, Zugriff am 02.06.2017.

European Monitoring Centre for Drugs and Drug Addiction (EMCCDA) (2013) Statistical bulletin 2013: Purity of cocaine products at retail level 2011. Lissabon: EMCDDA.

Faggiano F, Minozzi S, Versino E, Buscemi D (2014) Universal school-based prevention for illicit drug use. Cochrane Database Syst Rev. 2014;12: CD003020. doi: 10.1002/14651858.CD003020.pub3. Epub 2014 Dec 1. Review. PubMed PMID: 25435250. Zugriff am 09.07.2017.

Falck RS, Wang J, Siegal HA, Carlson RG (2004) The prevalence of psychiatric disorder among a community sample of crack cocaine users: an exploratory study with practical implications. J Nerv Ment Dis. 2004 Jul;192 (7):503–7.

Farooque M, Elliott J (2010) Delayed psychosis induced by bupropion in a former cocaine abuser: a case report. Prim Care Companion J Clin Psychiatry. 2010;12(5). pii: PCC.09100943. doi: 10.4088/PCC.09l00943gry. PubMed PMID: 21274369; PubMed Central PMCID: PMC3025990. Zugriff am 09.07.2017.

Farronato NS, Dürsteler-Macfarland KM, Wiesbeck GA, Petitjean SA (2013) A systematic review comparing cognitive-behavioral therapy and contingency management for cocaine dependence. J Addict Dis. 2013;32(3):274–287.

Fergusson DM, Boden JM, Horwood LJ (2006) Cannabis use and other illicit drug use: testing the cannabis gateway hypothesis. Addiction. 2006 Apr;101(4):556–69.

Fergusson DM, Horwood LJ, Ridder EM (2005) Show me the child at seven: the consequences of conduct problems in childhood for psychosocial functioning in adulthood. J Child Psychol Psychiatry. 2005 Aug;46(8):837–49.

Fiedler KK, Kim N, Kondo DG, Renshaw PF (2012) Cocaine use in the past year is associated with altitude of residence. J Addict Med. 2012 Jun;6 (2):166–71.

Fillmore MT, Rush CR (2002) Impaired inhibitory control of behavior in chronic cocaine users. Drug Alcohol Depend. 2002;66:265–273.

Fischer B, Blanken P, Da Silveira D, Gallassi A, Goldner EM, Rehm J, Tyndall M, Wood E (2015) Effectiveness of secondary prevention and treatment interventions for crack-cocaine abuse: a comprehensive narrative overview of English-language studies. Int J Drug Policy. 2015 Apr;26(4):352–63.

Ford JD, Gelernter J, DeVoe JS, Zhang W, Weiss RD, Brady K, Farrer L, Kranzler HR (2009) Association of psychiatric and substance use disorder comorbidity with cocaine dependence severity and treatment utilization in cocaine-dependent individuals. Drug Alcohol Depend. 2009 Jan 1;99(1-3):193–203.

Freud S (1885) Nachträge [zu »Über Coca« 1884] In: Freud, Sigmund. Über Coca (neu durchgesehener und vermehrter Separat-Abdruck aus dem »Centralblatt für die gesammte Therapie«) Wien: Moritz Perles: 25–26.

Gallop RJ, Crits-Christoph P, Ten Have TR, Barber JP, Frank A, Griffin ML, Gelhorn HL, Sakai JT, Price RK, Crowley TJ (2007) DSM-IV conduct disorder criteria as predictors of antisocial personality disorder. Compr Psychiatry. 2007 Nov-Dec;48(6):529–38.

Gilder DA, Gizer IR, Lau P, Ehlers CL (2014) Stimulant dependence and stimulant-associated psychosis: clinical characteristics and age of onset in a native american community sample. J Addict Med. 2014 Jul-Aug;8 (4):241–8.

Goeders NE (2002) The HPA axis and cocaine reinforcement. Psychoneuroendocrinology. 2002 Jan-Feb;27(1-2):13–33. Review.

Goletiani NV, Mendelson JH, Sholar MB, Siegel AJ, Mello NK (2009) Opioid and cocaine combined effect on cocaine-induced changes in HPA and HPG axes hormones in men. Pharmacol Biochem Behav. 2009 Feb;91 (4):526–536.

González-Saiz F, Vergara-Moragues E, Verdejo-García A, Fernández-Calderón F, Lozano OM (2014) Impact of psychiatric comorbidity on the intreatment outcomes of cocaine-dependent patients in therapeutic communities. Subst Abus.2014;35(2):133–40.

Gouin K, Murphy K, Shah PS (2011) Knowledge Synthesis group on Determinants of Low Birth Weight and Preterm Births. Effects of cocaine use during pregnancy on low birthweight and preterm birth: systematic review and metaanalyses. Am J Obstet Gynecol. 2011 Apr;204(4):340.e1–12.

Grella CE, Joshi V, Hser YI (2003) Followup of cocaine-dependent men and women with antisocial personality disorder. J Subst Abuse Treat. 2003 Oct;25(3):155–64.

Gsellhofer B, Küfner H, Vogt M, Weiler D (1999) European Addiction Severity Index, EuropASI; Hohengehren: Schneider.

Halpern JH, Sholar MB, Glowacki J, Mello NK, Mendelson JH, Siegel AJ (2003) Diminished interleukin-6 response to proinflammatory challenge in men and women after intravenous cocaine administration. J Clin Endocrinol Metab. 2003 Mar;88(3):1188–93.

Hanlon CA, Dufault DL, Wesley MJ, Porrino LJ (2011) Elevated gray and white matter densities in cocaine abstainers compared to current users. Psychopharmacol (Berl) 2011;218:681–692.

Harris DS, Everhart ET, Mendelson J, Jones RT (2003) The pharmacology of cocaethylene in humans following cocaine and ethanol administration. Drug Alcohol Depend. 2003 Nov 24;72(2):169-82. PubMed PMID: 14636972.

Heesch CM, Negus BH, Keffer JH, Snyder RW 2nd, Risser RC, Eichhorn EJ (1995) Effects of cocaine on cortisol secretion in humans. Am J Med Sci. 1995 Aug;310(2):61–4.

Hendersho CS, Witkiewitz K, George WH, Marlatt GA (2011) Relapse prevention for addictive behaviors. Substance Abuse Treatment, Prevention, and Policy 6:17.

Hernandez G, Hamdani S, Rajabi H, et al. (August 2006) Prolonged rewarding stimulation of the rat medial forebrain bundle: neurochemical and behavioral consequences. Behav. Neurosci. 120(4): 888–904.

Herrero MJ, Domingo-Salvany A, Torrens M, Brugal MT (2008) Itinere Investigators. Psychiatric comorbidity in young cocaine users: induced versus independent disorders. Addiction. 2008 Feb;103(2):284–93.

Hesse M, Vanderplasschen W, Rapp R, Broekaert E, Fridell M (2007) Case management for persons with substance use disorders. Cochrane Database of Systematic Reviews 2007, Issue 4, Article No CD006265.

Hester R, Garavan H. Executive dysfunction in cocaine addiction: evidence for discordant frontal, cingulate, and cerebellar activity. J Neurosci. 2004;24:11017–11022.

Hiller W, Zaudig M, Mombour W (1995) IDCL: Internationale Diagnose-Checklisten für ICD-10 und DSM-IV. Manual. Bern: Huber.

Holm-Hadulla RM, Bertolino A (2014) Creativity, alcohol and drug abuse: the pop icon Jim Morrison. Psychopathology. 2014;47(3):167–73.

Humphreys KL, Eng T, Lee SS (2013) Stimulant medication and substance use outcomes: a meta-analysis. JAMA Psychiatry. 2013 Jul;70(7):740–9.

Hungerbuehler I, Buecheli A, Schaub M (2011) Drug Checking: A prevention measure for a heterogeneous group with high consumption frequency and polydrug use – evaluation of zurich's drug checking services. Harm Reduct J 2011, 8:16.

Institute for Therapy Research (IFT) (2012) 2012 National Report to the EMCDDA by Reitox National Focal Point Germany. New developments, trends and in-depth information on selected issues. München: IFT.

Jobes ML, Ghitza UE, Epstein DH, Phillips KA, Heishman SJ, Preston KL (2011) Clonidine blocks stress-induced craving in cocaine users. Psychopharmacology (Berl). 2011 Nov;218(1):83–8.

Justice AJ, de Wit H (1999) Acute effects of d-amphetamine during the follicular and luteal phases of the menstrual cycle in women. Psychopharmacology (Berl). 1999 Jul;145(1):67–75.

Justice AJ, De Wit H (2000) Acute effects of d-amphetamine during the early and late follicular phases of the menstrual cycle in women. Pharmacol Biochem Behav. 2000 Jul;66(3):509–15.

Kelley JL, Petry NM (2000) HIV risk behaviors in male substance abusers with and without antisocial personality disorder. J Subst Abuse Treat. 2000 Jul;19(1):59–66.

Kendler K, Prescott C (1998) Cocaine use, abuse, and dependence in a population based sample of female twins. British Journal of Psychiatry 1998, 173: 345–50.

Kim SJ, Lyoo IK, Hwang J, Chung A, Hoon Sung Y, Kim J, Kwon DH, Chang KH, Renshaw PF (2013) Prefrontal grey-matter changes in short-term and long-term abstinent methamphetamine abusers. International Journal of Neuropsychopharmacology 9 (2013):331–228.

Klonoff DC, Andrews BT, Obana WG (1989) Stroke associated with cocaine use. Arch Neurol 46:989–993.

Klüver H (2013) Auf der Spur des Kokains.»Zero Zero Zero« von Roberto Saviano. Süddeutsche Zeitung vom 16.04.2013, S.

Koren G, Nulman I, Rovet J, Greenbaum R, Loebstein M, Einarson T (1998) Long-term neurodevelopmental risks in children exposed in utero to cocaine. The Toronto Adoption Study. Ann N Y Acad Sci. 1998 Jun 21;846:306–13.

Kraus L, Pabst A, Piontek D, Müller S (2010) Trends des Substanzkonsums und substanzbezogener Störungen. Ergebnisse des Epidemiologischen Suchtsurveys 1995-2009. SUCHT 56 (5): 337–348.

Lange W, Reker M, Driessen M (2008) Community Reinforcement Approach (CRA) – Überblick über ein integratives Konzept zur Behandlung von Abhängigkeitserkrankungen. SUCHT 2008. 54(6)20–30.

Lapp WM, Collins RL, Izzo CV (1994) On the enhancement of creativity by alcohol: pharmacology or expectation? Am J Psychol. 1994 Summer;107 (2):173–206. Review.

Lee SS, Humphreys KL, Flory K, Liu R, Glass K (2011) Prospective association of childhood attention-deficit/hyperactivity disorder (ADHD) and substance use and abuse/dependence: a meta-analytic review. Clin Psychol Rev. 2011 Apr;31(3):328–41.

Leri F, Bruneau J, Stewart J. Understanding polydrug use: review of heroin and cocaine co-use. Addiction 2003 Jan; 98(1): 7–22.

Light KC, Grewen KM, Amico JA, Boccia M, Brownley KA, Johns JM (2004) Deficits in plasma oxytocin responses and increased negative affect, stress, and blood pressure in mothers with cocaine exposure during pregnancy. Addict Behav. 2004 Nov;29(8):1541–64.

Lopez-Hill X, Prieto JP, Meikle MN, Urbanavicius J, Abin-Carriquiry JA, Prunell G, Umpiérrez E, Scorza MC (2011) Coca-paste seized samples characterization: chemical analysis, stimulating effects in rats and relevance of caffeine as a major adulterant. Behav Brain Res 221(1): 134–141.

Lundahl LH, Lukas SE (2007) Negative cocaine effect expectancies are associated with subjective response to cocaine challenge in recreational cocaine users. Addict Behav. 2007 Jun;32(6):1262–71.

Mackey S, Paulus M (2013) Are there volumetric brain differences associated with the use of cocaine and amphetamine-type stimulants? Neuroscience and Biobehavioral Reviews 37 (2013):300–316.

Mahoney JJ 3rd, Newton TF, Omar Y, Ross EL, De La Garza R 2nd (2013) The relationship between lifetime stress and addiction severity in cocaine-dependent participants. Eur Neuropsychopharmacol. 2013 May;23(5):351–7.

Maraj S, Figueredo VM, Lynn Morris D (2010) Cocaine and the heart. Clin Cardiol. 2010 May;33(5):264–9. Review.

Maranda M Han C, Rainone GA (2004) Crack cocaine and sex. Psychoactive Drugs 36(3): 315–322.

Mariani JJ, Horey J, Bisaga A, Aharonovich E, Raby W, Cheng WY, Nunes E, Levin FR (2008) Antisocial behavioral syndromes in cocaine and cannabis dependence. Am J Drug Alcohol Abuse. 2008;34(4):405–14.

McKeever KH, Hinchcliff KW, Gerken DF, Sams RA. (1993) Effects of cocaine on incremental treadmill exercise in horses. J Appl Physiol 75 (6):2727–33.

Mello NK, Mendelson JH (2009) Cocaine, Hormones and Behavior: Clinical and Preclinical Studies. In: Pfaff DW, Arnold AP, Etgen AM, Fahrbach SE,

Rubin RT, (Hrsg.) (2009) Hormones, Brain and Behavior. 2. Academic Press; San Diego, CA: 2009a. p. 3081–3139.

Merikangas KR, Stolar M, Stevens DE, Goulet J, Preisig MA, Fenton B, Zhang H,

Miller WR, Rollnick S (2015) Motivierende Gesprächsführung. 3. Auflage. Freiburg: Lambertus Verlag.

Minozzi S, Amato L, Pani PP, Solimini R, Vecchi S, De Crescenzo F, Zuccaro P, Davoli M (2015) Dopamine agonists for the treatment of cocaine dependence. Cochrane Database Syst Rev. 2015 May 27;(5):CD003352.

Mireku-Boateng AO, Tasie B (2001) Priapism associated with intracavernosal injection of cocaine. Urol Int. 2001;67(1):109–10.

Moesgen D, Klein M (2015) Neuroenhancement. In: Bilke-Hentsch O, Gouzoulis-Mayfrank E, Klein M (Hrsg.) Sucht: Risiken – Formen – Interventionen. Stuttgart: Kohlhammer.

Moggi F (Hrsg.) (2007) Doppeldiagnosen. Komorbidität psychischer Störungen und Sucht. Bern: Verlag Hans Huber.

Mutschler J, Diehl A, Kiefer F (2009) Pronounced paranoia as a result of cocaine-disulfiram interaction: case report and mode of action. J Clin Psychopharmacol. 2009 Feb;29(1):99–101.

Najavits LM, Lester KM (2008) Gender differences in cocaine dependence. Drug Alcohol Depend. 2008 Sep 1;97(1–2): 190–4.

National Addiction Center (2003) Dangerousness of drugs. A guide to the risks and harms associated with substance misuse.

Nulman I, Rovet J, Greenbaum R, Loebstein M, Wolpin J, Pace-Asciak P, Koren G (2001) Neurodevelopment of adopted children exposed in utero to cocaine: the Toronto Adoption Study. Clin Invest Med. 2001 Jun;24 (3):129–37.

NZZ: Viele Spuren von Kokain. Analysemethoden werden ergänzt. 28.05.2014, S. 11.

Offermann A (1926) Über die zentrale Wirkung des Cocains und einiger neuen Ersatzpräparate. Berlin/Heidelberg: Springer.

Olds J, Milner P (1954) Positive reinforcement produced by electrical stimulation of the septal area and other regions of rat brain. Journal of Comparative and Physiological Psychology 47: 419–427.

O'Malley SS, Rounsaville BJ (1998) Familial transmission of substance use disorders. Arch Gen Psychiatry. 1998 Nov;55(11):973–9.

Ort C, van Nuijs AL, Berset JD, Bijlsma L, Castiglioni S, Covaci A, de Voogt P, Emke E, Fatta-Kassinos D, Griffiths P, Hernández F, González-Mariño I, Grabic R, Kasprzyk-Hordern B, Mastroianni N, Meierjohann A, Nefau T, Ostman M, Pico Y, Racamonde I, Reid M, Slobodnik J, Terzic S, Thomaidis N, Thomas KV (2014) Spatial differences and temporal changes in illicit drug use in Europe quantified by wastewater analysis. Addiction. 2014 Aug;109(8):1338–52.

Pace-Schott EF, Morgan PT, Malison RT, Hart CL, Edgar C, Walker M, Stickgold R (2008) Cocaine users differ from normals on cognitive tasks which show poorer performance during drug abstinence. Am J Drug Alcohol Abuse. 2008;34(1):109–21.

Pellegrino T, Bayer BM (1998) In vivo effects of cocaine on immune cell function. J Neuroimmunol 1998;83:139–147.

Peter F, Wittchen H-U (2015) Diagnostisches und Statistisches Manual Psychischer Störungen DSM-5. Göttingen: Hofgrefe.

Petitjean SA, Dürsteler-MacFarland KM, Krokar MC, Strasser J, Mueller SE, Degen B, Trombini MV, Vogel M, Walter M, Wiesbeck GA, Farronato NS (2014) A randomized, controlled trial of combined cognitive-behavioral therapy plus prize-based contingency management for cocaine dependence. Drug Alcohol Depend. 2014 Dec1;145:94–100.

Petry NM, Tedford J, Austin M, Nich C, Carroll KM, Rounsaville BJ (2004) Prize reinforcement contingency management for treating cocaine users: how low can we go, and with whom? Addiction. 2004 Mar;99(3):349–360.

Pitigrilli (2002) Kokain. Bearbeitete Ausgabe. Reinbeck: Rowohlt.

Porrino LJ, Hampson RE, Opris I, Deadwyler SA (2013) Acute cocaine induced deficits in cognitive performance in rhesus macaque monkeys treated with baclofen. Psychopharmacology (Berl). 2013 Jan;225(1):105–14.

Prinzleve M, Haasen C, Zurhold H, Matali JL, Bruguera E, Gerevich J, Bácskai E, Ryder N, Butler S, Manning V, Gossop M, Pezous AM, Verster A, Camposeragna A, Andersson P, Olsson B, Primorac A, Fischer G, Güttinger F, Rehm J, Krausz M. (2004) Cocaine use in Europe – a multi-centre study: patterns of use in different groups. Eur Addict Res. 2004;10(4):147–55.

Prochaska JO, DiClemente CC (1992) Stages of change in the modification of problem behaviors. Prog Behav Modif. 1992;28:183–218. Review. PubMed PMID: 1620663.

Quiñones-Jenab V (2006) Why are women from Venus and men from Mars when they abuse cocaine? Brain Res. 2006 Dec 18; 1126(1): 200–3.

Robbins SJ, Ehrman RN, Childress AR, O'Brien CP (1999) Comparing levels of cocaine cue reactivity in male and female outpatients. Drug Alcohol Depend. 1999 Feb 1;53(3):223–30.

Robinson TE, Berridge KC (2008) Review. The incentive sensitization theory of addiction: some current issues. Philos Trans R Soc Lond B Biol Sci. 2008 Oct 12;363(1507):3137–46.

Roncero C, Daigre C, Grau-López L, Barral C, Pérez-Pazos J, Martínez-Luna N, Casas M (2014) An international perspective and review of cocaine-induced psychosis: a call to action. Subst Abus. 2014;35(3):321–7.

Roncero C, Martínez-Luna N, Daigre C, Grau-López L, Gonzalvo B, Pérez-Pazos J, Casas M (2013) Psychotic symptoms of cocaine self-injectors in a harm reduction program. Subst Abus. 2013;34(2):118–21.

Roncero C, Ros-Cucurull E, Daigre C, Casas M (2012) Prevalence and risk factors of psychotic symptoms in cocaine-dependent patients. Actas Esp Psiquiatr. 2012 Jul-Aug;40(4):187–97.

Roth ME, Cosgrove KP, Carroll ME (2004) Sex differences in the vulnerability to drug abuse: a review of preclinical studies. Neurosci Biobehav Rev. 2004 Oct;28(6):533–46. Review.

Rott D, Langleben DD, Elman I (2008) Cocaine decreases plasma insulin concentrations in non-diabetic subjects: a randomized double-blind study. Diabet Med. 2008 Apr;25(4):510–1.

Sarnyai Z, Shaham Y, Heinrichs SC (2001) The role of corticotropin-releasing factor in drug addiction. Pharmacol Rev. 2001 Jun;53(2):209–43. Review.

Saviano R (2013). Zero Zero Zero. Mailand: Feltrinelli.

Schierenberg A, van Amsterdam J, van den Brink W, Goudriaan AE (2012) Efficacy of contincency management for cocaine dependence treatment: a review of the evidence. Curr Drug Abuse Rev 2012; 5(4): 320–331.

Schindler CW, Goldberg SR (2012) Accelerating cocaine metabolism as an approach to the treatment of cocaine abuse and toxicity. Future Med Chem. 2012 Feb;4(2):163–75. doi: 10.4155/fmc.11.181.

Schneider S, Margraf J (2011) DIPS: Diagnostisches Interview bei psychischen Störungen. 4. Auflage. Berlin: Springer

Serra-Pinheiro MA, Coutinho ES, Souza IS, Pinna C, Fortes D, Araújo C, Szobot CM, Rohde LA, Mattos P (2013) Is ADHD a risk factor independent of conduct disorder for illicit substance use? A meta-analysis and metaregression investigation. J Atten Disord. 2013 Aug;17(6):459–69.

Sharma HS, Muresanu D, Sharma A, Patnaik R (2009) Cocaine-induced breakdown of the blood-brain barrier and neurotoxicity. Int Rev Neurobiol. 2009;88:297–334.

Shuster L, Garhart CA, Powers J, Grunfeld Y, Kanel G (1988) Hepatotoxicity of cocaine. NIDA Res Monogr. 1988;88:250–75.

Simon SL, Domier CP, Sim T, Richardson K, Rawson RA, Ling W (2002) Cognitive performance of current methamphetamine and cocaine abusers. J Addict Dis.2002;21(1):61–74.

Singer LT, Minnes S, Min MO, Lewis BA, Short EJ (2015) Prenatal cocaine exposure and child outcomes: a conference report based on a prospective study from Cleveland. Hum Psychopharmacol. 2015 Jul;30(4):285–9.

Sinha R (2001) How does stress increase risk of drug abuse and relapse? Psychopharmacology. 2001; 158:343–359. [PubMed: 11797055].

Skoglund C, Chen Q, Franck J, Lichtenstein P, Larsson H (2015) Attention-deficit/hyperactivity disorder and risk for substance use disorders in relatives. Biol Psychiatry. 2015 May 15;77(10):880–6.

Smale R (2001) Addiction and creativity: from laudanum to recreational drugs. J Psychiatr Ment Health Nurs. 2001 Oct;8(5):459–63.

Smith JC, Kacker A, Anand VK (2002) Midline nasal and hard palate destruction in cocaine abusers and cocaine's role in rhinologic practice. Ear Nose Throat J 81(3):172–177.

Stimmer F (2000) Suchtlexikon. München: Oldenbourg Wissenschaftsverlag.

Stine SM, Krystal JH, Petrakis IL, Jatlow PI, Heninger GR, Kosten TR, Charney DS (1997) Effect of alpha-methyl-para-tyrosine on response to cocaine challenge. Biol Psychiatry. 1997 Aug 1;42(3):181–90.

Taddei L, Benoit M, Sukta A, Peterson J, Gaensslen RE, Negrusz A (2011) Detection of various performance enhancing substances in specimens collected from race horses in Illinois: a five-year experience. J Anal Toxicol. 2011 Sep;35(7):438–43.

Tang YL, Kranzler HR, Gelernter J, Farrer LA, Cubells JF (2007) Comorbid psychiatric diagnoses and their association with cocaine-induced psychosis in cocaine-dependent subjects. Am J Addict. 2007 Sep-Oct;16(5):343–51.

Täschner K-L, Richtberg W (1988) Koka und Kokain. 2. erweiterte Auflage. Köln: Deutscher Ärzte-Verlag.

Teoh SK, Sarnyai Z, Mendelson JH, Mello NK, Springer SA, Sholar JW, Wapler M, Kuehnle JC, Gelles H (1994) Cocaine effects on pulsatile secretion of ACTH in men. J Pharmacol Exp Ther. 1994 Sep;270(3):1134–8.

Thase ME (2007) Differential transitions between cocaine use and abstinence for men and women. J Consult Clin Psychol. 2007 Feb;75(1):95–103.

Tomasi D, Goldstein RZ, Telang F, Maloney T, Alia-Klein N, Caparelli EC, Volkow ND (2007) Widespread disruption in brain activation patterns to a working memory task during cocaine abstinence. Brain Res. 2007;1171:83–92.

Uhl A (2005): Präventionsansätze und –theorien. Wiener Zeitschrift für Suchtforschung 2005, 3/4:39–45.

Valente MJ, Carvalho F, Bastos MD, de Pinho PG, Carvalho M (2012) Contribution of oxidative metabolism to cocaine-induced liver and kidney damage. Curr Med Chem. 2012;19(33):5601–6.

Van den Bree M, Johnson E, Neale M, Pickens R (1998) Genetic and environmental influences on drug use and abuse/dependence in male and female twins. Drug and Alcohol Dependence 1998, 52(3): 231–41.

van Holst RJ, Schilt T (2011) Drug-related decrease in neuropsychological functions of abstinent drug users. Curr Drug Abuse Rev. 2011 Mar;4(1):42–56. Review.

Van Thiel DH, Perper JA (1992) Gastrointestinal complications of cocaine abuse. Recent Dev Alcohol. 1992;10:331–4.

Verdejo-García AJ, López-Torrecillas F, Aguilar de Arcos F, Pérez-García M (2005) Differential effects of MDMA, cocaine, and cannabis use severity on distinctive components of the executive functions in polysubstance users: a multiple regression analysis. Addict Behav. 2005 Jan;30(1):89–101.

Vergara-Moragues E, González-Saiz F, Lozano OM, Betanzos Espinosa P, Fernández Calderón F, Bilbao-Acebos I, Pérez García M, Verdejo García A (2012) Psychiatric comorbidity in cocaine users treated in therapeutic community: substance-induced versus independent disorders. Psychiatry Res. 2012 Dec 30;200(2-3):734–41.

Vergara-Moragues E, González-Saiz F, Lozano-Rojas O, Fernández Calderón F, Verdejo García A, Betanzos Espinosa P, Bilbao Acedos I, Pérez García M. (2013) Relationship between psychopathological comorbidity and outcomes variables in-treatment cocaine dependent subject in therapeutic community. Adicciones. 2013;25(2):128–36.

Verna S (2001) Koks-Koketterie. Neue Zürcher Zeitung vom 16.08.2001, S. 52.

Verna S (2001a) lines: Koks-Koketterie. Der Tagesspiegel vom 13.07.2001.

Volkow ND (2014) Drugs, Brains, and Behavior. The Science of Addiction NIH. Pub No. 14-5605.

Vorspan F, Brousse G, Bloch V, Bellais L, Romo L, Guillem E, Coeuru P, Lépine JP (2012) Cocaine-induced psychotic symptoms in French cocaine addicts. Psychiatry Res. 2012 Dec 30;200(2-3):1074–6.

Wakabayashi KT, Kiyatkin EA (2015) Central and peripheral contributions to dynamic changes in nucleus accumbens glucose induced by intravenous cocaine. FrontNeurosci. 2015 Feb 12;9:42.

Wallace BC (1990) Crack cocaine smokers as adult children of alcoholics: the dysfunctional family link. J Subst Abuse Treat. 1990;7(2):89–100.

Warner EA, Greene GS, Buchsbaum MS, Cooper DS, Robinson BE (1998) Diabetic ketoacidosis associated with cocaine use. Arch Intern Med. 1998 Sep 14;158(16):1799–802.

Westover AN, McBride S, Haley RW (2007) Stroke in young adults who abuse amphetamines or cocaine. Arch Gen Psychiatry 64: 495–502.

Wittchen H-U, Zaudig M, Fydrich T (1997) Strukturiertes Klinisches Interview für DSM-IV (SKID). Göttingen: Hogrefe.

World Drug Report 2012, UNODC (United Nations publication, Sales No. E.12.XI.1): www.unodc.org, Zugriff am 09.07.2017.

Zagnoni PG, Albano C (2002) Psychostimulants and epilepsy. Epilepsia. 2002;43 Suppl 2:28–31.

Zimmerman JL (2012) Cocaine intoxication. Crit Care Clin 2012; 28(4):517–526.

Zinkant K (2010) Kickt Koks die Sportelite? ZeitOnline 12.01.2010: www.¬zeit.de/online/2007/45/koks-dich-fit; Zugriff am 09.07.2017.

Personen- und Stichwortverzeichnis

A

Abbauweg 43
Abhängigkeit 61
Abstinenzerprobung 123
Abwassermonitoring 25
ADHS 79
Akupunktur 127
Akute körperliche Wirkung 56
Angsterkrankung 63
Anticraving-Medikament 144
Antisoziale Persönlichkeitsstörung 78 f.
Aortendissektion 70
Area tegmentalis ventralis 48
Aschenbrandt, Theodor 13
Ätiologie 95
Aufmerksamkeitsdefizit-/Hyperaktivitätsstörung 79

B

Belohnungssystem 46
Benn, Gottfried 14, 17
Berber, Anita 17
Biologische Risikofaktoren 104
Body Packing 60
Borderline-Persönlichkeitsstörung 78
Brod, Max 19
Burroughs, William S. 19

C

Cannabis 106
Capture rate 30, 61
Case Management 116
Challenge-Untersuchungen 58
Checklisten 111
Coca Negra 34
Cocaethylen 42
Cocteau, Jean 14
Community Reinforcement Approach 121
Crack 34

D

Dermatozoenwahn 66
Diagnostik 109
Dillinger 16
Dix, Otto 14
Dopamin 44
Dopamintransporter 45
Drug Checking 133

E

Endokarditis 70
Entzugssyndrom 62
Enzymatische Therapie 146
Epidemiologie 24

F

Falco 20
Fallada, Hans 14
Fassbinder, Rainer Werner 20
Fertigkeitentraining 123
Freebase 34
Freud, Sigmund 13

G

Gehirn 46, 71
Genussmittel 11
Geschichte 11
Geschlecht 102
Geschlechterspezifische Konsummuster 32
Gesundheitliche Folgen 61
Gonorrhö 73
Gundermann, Bettina 20

H

Heilwirkungen 52
Hepatitis B 73
Hepatitis C 73
Herz 68
Herzinfarkt 70
Herzrhythmusstörung 70
HIV-Infektion 73 f.
Houston, Whitney 20

I

Impfung 145
Incentive salience 47
Infektionserkrankungen 73
Integrativer interdisziplinärer Ansatz 95
Intoxikation 54, 59

K

Kandidatensubstanzen 126
Kardiale Komplikationen 70
Kardiomyopathie 70
Kognitive Leistungsfähigkeit 84
Kognitive Verhaltenstherapie 119
Kokainbase 34
Kokain-Hydrochlorid 33
Kokainpaste 33
Kokain-Wein 12
Kokastrauch 11

Komorbidität 76, 107
– psychiatrische 78
Konsumformen 33
Konsummuster 29
Konsumweisen 36
Kontingenzmanagement 120
Kontrollierter Konsum 30
Körperliche Folgen 67
Körperliche Leistungsfähigkeit 87
Körperliche Wirkungen 51
Kreativität 86
Kriterien der Abhängigkeit nach ICD-10 110
Kwiatkowsky, Maria 20

L

Leber 70
Leistungsdroge 83
Letale Dosis 43
Lokalanästhetische Wirkung 52
Lottmann, Joachim 19
Lunge 68

M

Magnansches Zeichen 66
Mantegazza, Paolo 12
Manualisierte Therapie 124
Mariani Wein 12
Mariani, Angelo 12
Medikamentöse Behandlung 125
Metabolismus 40
Molekulargenetische Befunde 100
Moreno, Perito 12
Motivational Interviewing 122
Multipler Substanzgebrauch 31
Myokarditits 70

N

Nasc 67

Neurobiologie 39, 44
Novara-Expedition 13
Nucleus accumbens 48

O

Optogenetische »Lichttherapie« 148
Oxytocin 147

P

Panikerkrankung 63
Personalisierte Behandlung 149
Persönlichkeitsstörung 79
Pharmakologie 39
Phoenix, River 20
Pitigrilli 18
Positiver Verstärker 124
Prävalenzrate 26
Prävention 128
Preis 27
Primärprävention 129
Protektive Faktoren 96
Psychische Folgen 61
Psychische Wirkungen 51
Psychodynamische Therapie 118
Psychose 64

R

Rammstein 16
Rausch 54 f.
– phasenhafter Verlauf 55
Rechtliche Situation 134
Reinheitsgrad 27, 35
Rückfallvermeidung 119

S

Safer Sniefen 132
Safer Use 132
Saviano, Roberto 15, 20
Schädlicher Gebrauch 110

Schwangerschaft 74
Schwarzes Kokain 34
Schwere der Kokainabhängigkeit 113
Sekundärprävention 131
Set und Setting 54
Sexualität 89
Sexuell übertragbare Krankheit 73
Sicherstellung 27
Sport 87
Störung des Sozialverhaltens 82
Strauss, Richard 14, 16
Stress 92
Strukturiertes Interview 112
Substanzwirkungen 51
Substitutionsbehandlung 144
Synopse 139
Syphilis 73

T

Therapie 116
Turner, Ike 20

U

Umgebungsbedingte Risikofaktoren 104

V

Vererbungsfaktoren 97
Verhaltensanalyse 122
Verstärkungssystem 46
Vulnerabilitätsfaktoren 95

W

Wecker, Konstantin 19
Williams, Robin 20

Z

Zuckmayer, Carl 18

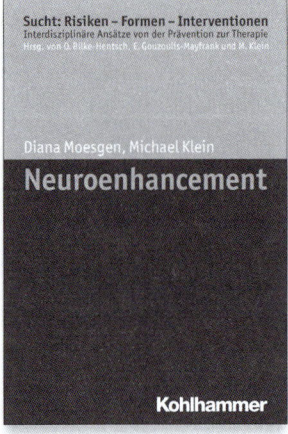

Diana Moesgen/Michael Klein

Neuroenhancement

2015. 152 Seiten mit 6 Tab. Kart.
€ 27,99
ISBN 978-3-17-026100-6
Sucht: Risiken – Formen – Interventionen

Neuroenhancement bezeichnet den Versuch gesunder Menschen, die Leistungsfähigkeit des Gehirns oder das psychische Wohlbefinden durch die Einnahme von verschreibungspflichtigen Medikamenten oder illegalen Stimulanzien zu verbessern. Dieses Buch möchte dieses relativ neue Phänomen genauer beleuchten. Dabei wird der Begriff des Neuroenhancement und sein Vorkommen genau erklärt. Erste Erklärungsansätze zeigen ein komplexes Bedingungsgefüge mit verschiedenen Faktoren wie Individuum, berufliches sowie soziales Umfeld. Neuroenhancement kann negative Konsequenzen auf unterschiedlichen Ebenen besitzen, Alternativen sind also wesentlich.

Leseproben und weitere Informationen unter www.kohlhammer.de

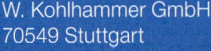

W. Kohlhammer GmbH
70549 Stuttgart